Bitcoin, ein Begriff, der 2009 dank des rätselhaften Schöpfers oder Schöpferkollektivs namens Satoshi Nakamoto aus dem Schatten trat, hat sich rasch zu einer disruptiven Kraft in der Finanzwelt entwickelt. In diesen Seiten werden wir tief in das Herz dieser digitalen Währungsrevolution eintauchen, einer Revolution, die die traditionellen Grenzen der Finanzen überschreitet und verspricht, die Art und Weise, wie wir Geld wahrnehmen und nutzen, grundlegend zu verändern.

Bitcoin ist nicht nur eine neue Form von Währung, sondern vielmehr eine revolutionäre Technologie, die auf der Blockchain basiert, einer Innovation, die das Potenzial hat, unsere Vorstellung von finanziellen Transaktionen, Privatsphäre und sogar Vertrauen radikal zu verändern. Es ist nicht übertrieben zu sagen, dass Bitcoin eine neue Ära eingeläutet hat, in der Dezentralisierung, Transparenz und Sicherheit Schlüsselrollen spielen.

In dieser Erkundung werden wir die Komplexitäten von Bitcoin aufschlüsseln, von der Funktionsweise seiner zugrunde liegenden Technologie bis zu seinen sozialen und wirtschaftlichen Auswirkungen. Wir werden die Vorzüge und Herausforderungen dieser digitalen Währung untersuchen, die jüngsten Entwicklungen, die ihr Landschaftsbild geprägt haben, und uns in die noch unerforschten Gebiete ihrer unsicheren Zukunft begeben.

Dieses Buch richtet sich an diejenigen, die Bitcoin verstehen wollen, von neugierigen Anfängern bis zu leidenschaftlichen Kennern. Es strebt danach, einen umfassenden Leitfaden, eine unverzichtbare Ressource für jeden, der sich durch die oft stürmischen Gewässer dieser Währungsrevolution bewegen möchte, bereitzustellen. Schnallen Sie sich an, denn wir begeben uns auf eine Reise durch die faszinierende Welt von Bitcoin, wo Tradition auf Technologie trifft und die Grundlagen des Finanzsystems in Frage gestellt werden.

Willkommen in der Welt von Bitcoin, der digitalen Revolution, die alles verändert.

Inhaltsverzeichnis

V - Vorteile und Herausforderungen

a. Erkundung der potenziellen Vorteile von Bitcoin in Bezug auf Sicherheit, Dezentralisierung und Privatsphäre.

b. Diskussion von Herausforderungen, einschließlich Volatilität und regulatorischer Bedenken.

VI - Das Bitcoin-Ökosystem

a. Vorstellung verschiedener Handelsplattformen, Wallets und mit Bitcoin verbundener Dienstleistungen.

b. Erkundung dezentralisierter Anwendungen (dApps) basierend auf der Bitcoin-Blockchain.

VII - Soziale und wirtschaftliche Auswirkungen

a. Analyse der potenziellen Auswirkungen von Bitcoin auf traditionelle Finanzsysteme.

b. Diskussion über Implikationen für Privatsphäre und finanzielle Freiheit.

VIII - Die Zukunft von Bitcoin

a. Diskussion über aufkommende Trends und mögliche Szenarien für die Zukunft von Bitcoin.

b. Erkundung potenzieller technologischer Entwicklungen im Zusammenhang mit Bitcoin.

IX - Tipps für Anfänger

a. Praktische Ratschläge für die sichere Verwendung von Bitcoin.

b. Warnungen vor möglichen Fallstricken und bewährten Praktiken.

X - Antworten auf häufig gestellte Fragen

Antworten auf einige der am häufigsten gestellten Fragen zu Bitcoin.

XI - Aktuelle Kontroversen und Debatten

a. Erkundung von Gemeinschaftsdebatten zu Themen wie Skalierung, Governance und philosophischen Divergenzen.

b. Analyse vergangener Kontroversen und ihrer Auswirkungen auf die Bitcoin-Community.

XII - Sicherheit und Risikovermeidung

a. Praktische Tipps zur Sicherung von Bitcoin-Wallets.

b. Prävention von Betrug und Sicherheitsrisiken.

XIII - Fallstudien

a. Vorstellung von Fallstudien, die den Erfolg oder die Herausforderungen von Unternehmen oder Einzelpersonen im Bitcoin-Ökosystem illustrieren.

b. Analyse der aus diesen Erfahrungen gezogenen Lehren.

XIV - Regulatorische und rechtliche Perspektiven

a. Erkundung sich ständig ändernder Vorschriften zu Bitcoin in verschiedenen Ländern.

b. Diskussion über potenzielle Auswirkungen regulatorischer Entwicklungen auf die Adoption von Bitcoin.

XV - Die Ethik von Bitcoin

a. Reflexion über die ethischen Implikationen der Nutzung von Bitcoin, einschließlich Umweltüberlegungen im Zusammenhang mit Bitcoin-Mining.

b. Diskussion über die soziale Verantwortung der Akteure im Bitcoin-Ökosystem.

XVI - Bitcoin-Community und -Kultur

a. Erkundung der Kultur, die die Bitcoin-Community umgibt.

b. Diskussion über die Bedeutung der Gemeinschaft für die Entwicklung und Akzeptanz von Bitcoin.

XVII - Finanzbildung und Inklusion

a. Analyse der Rolle von Bitcoin in der finanziellen Bildung und wirtschaftlichen Inklusion.

b. Erkundung von Projekten, die darauf abzielen, Bitcoin zur Verbesserung des Zugangs zu Finanzdienstleistungen zu nutzen.

XVIII - Fazit

a. Zusammenfassung der Schlüsselpunkte.

b. Aufruf zur fortlaufenden Erkundung und Verständniserweiterung von Bitcoin.

I – Einleitung

a - Vorstellung von Bitcoin als Revolution in der Finanzwelt.

Im ständigen Wandel des globalen Finanzumfelds steht Bitcoin wie ein Leuchtturm im Mittelpunkt und weist den Weg in eine neue monetäre Ära. Geboren aus der genialen Vision von Satoshi Nakamoto im Jahr 2009 ist Bitcoin nicht einfach nur eine weitere digitale Währung, sondern vielmehr die Speerspitze einer finanziellen Revolution.

Stellen Sie sich eine Währung vor, die nationale Grenzen überwindet, von keiner zentralen Autorität abhängig ist und eine Alternative zu oft undurchsichtigen traditionellen Finanzsystemen bietet. Hier liegt die Stärke von Bitcoin. Es bringt Dezentralisierung in ein lange von zentralisierten Institutionen beherrschtes Feld und ermöglicht damit individuelle finanzielle Autonomie.

Diese Revolution basiert auf der Blockchain-Technologie, einer transparenten und sicheren Datenstruktur, die jede Bitcoin-Transaktion unveränderbar aufzeichnet. Die Blockchain beseitigt die Notwendigkeit von Vertrauenspersonen und führt ein nie dagewesenes Maß an Transparenz in die Welt finanzieller Transaktionen ein.

Bitcoin ist auch eine Antwort auf traditionelle Herausforderungen wie Inflation und Währungsmanipulation. Mit einem begrenzten Angebot von 21 Millionen Bitcoins stellt es die Paradigmen fiatbasierter Währungen infrage, die einer unkontrollierten Geldschöpfung unterliegen.

Diese Revolution beschränkt sich nicht nur auf die technologische Sphäre. Bitcoin ist zu einem sozialen Phänomen geworden, das die Aufmerksamkeit von Investoren, Regierungen, Unternehmen und der Öffentlichkeit auf sich zieht. Leidenschaftliche Diskussionen entfachen sich über sein Potenzial, die weltweite Wirtschaft zu verändern und finanzielle Beziehungen neu zu definieren

Dennoch ist diese Revolution nicht ohne Kontroversen. Fragen zur Regulierung und Umweltbedenken im Zusammenhang mit dem Bitcoin-Mining stehen dem Weg von Bitcoin zur globalen Akzeptanz im Weg.

In den folgenden Seiten werden wir diese Währungsrevolution eingehend erkunden. Wir werden die technischen Elemente von Bitcoin aufschlüsseln, seine sozialen und wirtschaftlichen Auswirkungen untersuchen und uns den aufregenden Perspektiven und Herausforderungen widmen, die auf ihn warten. Begleiten Sie uns auf dieser Reise, denn Bitcoin definiert die Regeln des Finanzspiels neu und gewährt einen faszinierenden Einblick in die Zukunft der Währung.

b - Kurze Geschichte der Entstehung von Bitcoin durch Satoshi Nakamoto.

Die Geschichte von Bitcoin beginnt im Dunkeln, umhüllt von Geheimnis und Rätseln. Im Jahr 2008 veröffentlicht eine Person oder möglicherweise eine Gruppe unter dem Pseudonym Satoshi Nakamoto ein Dokument mit dem Titel "Bitcoin: A Peer-to-Peer Electronic Cash System". Dieses grundlegende Dokument skizziert die fundamentalen Prinzipien einer dezentralen digitalen Währung - Bitcoin - und führt die Blockchain als Schlüsselmechanismus ein.

Am 3. Januar 2009 startet Nakamoto das Bitcoin-Netzwerk, indem er den ersten Block, auch bekannt als "genesis" Block, mined. Zu diesem Zeitpunkt erwacht Bitcoin zum Leben. Die erste Transaktion wird aufgezeichnet, was den Beginn einer neuen Ära im Finanzwesen markiert.

Satoshi Nakamoto bleibt trotz seiner zentralen Rolle beim Start von Bitcoin eine rätselhafte Figur. Seine wirkliche Identität bleibt unbekannt, und Nakamoto entscheidet sich im Jahr 2010, von der öffentlichen Bühne zurückzutreten. Seine Motivationen, Hintergründe und sogar seine physische Existenz bleiben Gegenstand von Spekulationen und Diskussionen innerhalb der Kryptogemeinschaft.

Im Laufe der Jahre gewinnt Bitcoin an Anerkennung und Akzeptanz. Im Jahr 2010 werden die ersten realen Transaktionen mit Bitcoins zum Kauf von Waren aufgezeichnet, darunter die berühmte Anekdote über eine für 10.000 Bitcoins gekaufte Pizza. Diese Zeit ist geprägt von einer aufstrebenden Gemeinschaft von Bitcoin-Enthusiasten, die bestrebt sind, seine Möglichkeiten zu erkunden.

Auch Bitcoin bleibt nicht von Herausforderungen verschont. Im Jahr 2013 erschüttert der Zusammenbruch der Mt. Gox-Börse, einer der ersten größeren Handelsplattformen, das Vertrauen in das aufstrebende Ökosystem. Diese Prüfungen verstärken jedoch nur die Widerstandsfähigkeit von Bitcoin, das fortbesteht und sich anpasst.

Die institutionelle Akzeptanz gewinnt in den folgenden Jahren an Boden, wobei traditionelle Unternehmen und Investoren ein wachsendes Interesse an Bitcoin zeigen. Im Jahr 2021 stärken Börsengänge einiger bedeutender Unternehmen und die Anerkennung von Bitcoin als Wertspeicher durch Finanzinstitutionen seine Legitimität.

So ist die kurze Geschichte von Bitcoin eine faszinierende
Saga, die technologische Innovation, unerwartete
Herausforderungen und eine allmähliche Akzeptanz
miteinander verbindet. Diese Geschichte, geschrieben in der
Kryptographie und Transparenz der Blockchain, entfaltet
sich weiter und verspricht neue Seiten voller Entdeckungen
und Veränderungen.

II - Verständnis von Bitcoin

a - Erklärung der grundlegenden Konzepte: Blockchain, Proof of Work und Blockketten.

Die Grundlage von Bitcoin beruht auf innovativen Konzepten, die verändert haben, wie wir finanzielle Transaktionen verstehen und ausführen. Um das Funktionieren von Bitcoin vollständig zu erfassen, ist es entscheidend, sich mit drei Schlüsselkonzepten auseinanderzusetzen: der Blockchain, dem Proof of Work und den Blockketten.

Blockchain: Die Blockchain, wörtlich eine "Kette von Blöcken", bildet das Fundament der gesamten Bitcoin-Struktur. Sie ist ein dezentrales öffentliches Register, das durch Kryptographie gesichert ist und alle Transaktionen mit der Kryptowährung aufzeichnet. Jede Transaktion wird in "Blöcken" zusammengefasst und sequenziell zur bestehenden Kette hinzugefügt. Jeder Teilnehmer im Netzwerk besitzt eine Kopie der Blockchain, was Transparenz und Sicherheit der Transaktionen gewährleistet.

Proof of Work (PoW): Der Proof of Work ist der Mechanismus, durch den neue Blöcke der Blockchain hinzugefügt werden. Miner, spezialisierte Netzwerkknoten, lösen komplexe mathematische Probleme, um Transaktionen zu validieren und in einem Block zu gruppieren. Dies erfordert erhebliche Rechenleistung, was den Prozess schwierig und energieintensiv macht. Sobald das Problem jedoch gelöst ist, kann die Lösung von anderen Teilnehmern leicht überprüft werden, was zu einem Konsens über die Hinzufügung des Blocks zur Blockchain führt.

Blockketten: Die Blockkette ist die lineare Datenstruktur, die alle Bitcoin-Transaktionen unveränderlich speichert. Jeder Block enthält einen Header, eine Liste von Transaktionen und einen Zeiger auf den vorherigen Block, wodurch eine zusammenhängende Kette entsteht. Diese Architektur gewährleistet die Integrität der Blockchain, da eine Änderung eines Blocks eine Änderung aller nachfolgenden Blöcke bedeuten würde, was aufgrund der benötigten Rechenleistung praktisch unmöglich ist.

Diese Konzepte arbeiten zusammen, um ein sicheres, transparentes und dezentralisiertes Ökosystem zu schaffen. Die Blockchain sichert als unveränderliches Register den Transaktionsverlauf, Proof of Work sichert den Validierungsprozess und die Blockkette verbindet jede Transaktion in einer kohärenten Sequenz. Zusammen bilden sie das Herzstück von Bitcoin, ermöglichen digitale Währungstransaktionen ohne eine zentrale Autorität. Diese einzigartige Architektur hat zahlreiche andere Kryptowährungen inspiriert und bleibt das Fundament für Innovationen im Bereich der Finanztechnologie.

b - Einführung in die angewandte Kryptographie bei Bitcoin.

Im Zentrum des Vertrauens, das Bitcoin inspiriert, liegt ein wesentliches Element: die Kryptographie. Dies ist der Grundstein, der die Sicherheit, Privatsphäre und Integrität von Transaktionen im dezentralen Netzwerk von Bitcoin gewährleistet. Diese Einführung in die Kryptographie beleuchtet, wie diese kryptographischen Prinzipien angewendet werden, um ein robustes digitales Währungssystem zu schaffen.

1. **Public-Key-Kryptographie**: Im Zentrum von Bitcoin steht das Konzept der Public-Key-Kryptographie, ein Mechanismus, der es jedem Nutzer im Netzwerk ermöglicht, ein Schlüsselpaar zu besitzen: einen öffentlichen Schlüssel, der allen bekannt ist, und einen privaten Schlüssel, der geheim gehalten wird. Diese Schlüssel sind komplexe Zeichen- und Zahlenfolgen. Der öffentliche Schlüssel wird verwendet, um eine Bitcoin-Adresse zu generieren, an die andere Nutzer Geld senden können, während der private Schlüssel erforderlich ist, um Transaktionen zu signieren und damit die Autorisierung des Eigentümers zu gewährleisten.

2. **Digitale Signatur:** Digitale Signaturen sind das Ergebnis der Anwendung der Public-Key-Kryptographie. Wenn ein Benutzer eine Transaktion durchführen möchte, wird sein privater Schlüssel verwendet, um eine eindeutige digitale Signatur für diese Transaktion zu erstellen. Diese Signatur bestätigt die Authentizität der Transaktion und verhindert spätere Änderungen. Andere Benutzer können diese Signatur mit dem entsprechenden öffentlichen Schlüssel überprüfen, um sicherzustellen, dass die Transaktion legitim ist.

3. **Hash-Funktionen:** Hash-Funktionen sind ein weiterer Grundpfeiler der bei Bitcoin angewandten Kryptographie. Sie wandeln Daten in eine Zeichenfolge alphanumerischer Zeichen fester Länge, genannt "Hash", um. Diese Funktionen spielen eine entscheidende Rolle bei der Erstellung der Blockchain,

da jeder Block den Hash des vorherigen Blocks enthält.
Dies sichert die Integrität der Blockkette, da
Änderungen an einem Block eine Änderung am Hash
und somit eine Warnung im Netzwerk zur Folge hätten.

4. **Kryptografischer Konsensalgorithmus: Der** Proof of
   Work, zuvor erwähnt, ist ein Beispiel für einen
   kryptografischen Konsensalgorithmus. Miner lösen
   schwierige kryptografische Probleme, um zu zeigen,
   dass sie bedeutende Arbeit für die Validierung eines
   Blocks geleistet haben. Dieser Prozess sichert das
   Netzwerk, da die Manipulation vergangener
   Transaktionen äußerst schwierig wird.

Die kluge Anwendung dieser kryptografischen Techniken
schafft ein zuverlässiges Netzwerk, das Benutzer dazu
ermutigt, ihre Transaktionen mit Vertrauen in das System
durchzuführen. Diese Kombination aus komplexer
Mathematik und kryptografischer Ingenieurskunst macht
Bitcoin zu weit mehr als nur einer digitalen Währung; es ist
eine technologische Meisterleistung, die die Grenzen des
Vertrauens und der Sicherheit im Finanzbereich erweitert.

III - Wie funktioniert Bitcoin?

a - Erforschung des Mining-Prozesses und der Transaktionsvalidierung.

Im Zentrum von Bitcoins Funktionsweise steht der Mining-Prozess, eine komplexe Operation, die die Sicherheit und Richtigkeit jeder Transaktion im Netzwerk gewährleistet. Das Verständnis des Minings und der Transaktionsvalidierung ist entscheidend, um die Robustheit von Bitcoin als dezentrales System zu verstehen.

Bitcoin-Mining: Das Mining von Bitcoin ist der Prozess, bei dem neue Bitcoins erstellt und Transaktionen zur Blockchain hinzugefügt werden. Die Miner, Teilnehmer im Netzwerk, gruppieren Transaktionen in einem Block und versuchen, ein komplexes mathematisches Problem zu lösen. Dieses Problem ist mit dem Proof-of-Work verbunden und erfordert erhebliche Rechenleistung. Der erste Miner, der das Problem löst, hat das Privileg, den Block zur Blockchain hinzuzufügen, und wird mit neuen Bitcoins sowie den Transaktionsgebühren belohnt, die in diesem Block enthalten sind.

Transaktionsvalidierung: Bevor ein Block zur Blockchain hinzugefügt wird, müssen die Miner die Transaktionen in diesem Block validieren. Dies beinhaltet die Gewährleistung, dass jede Transaktion legitim ist und die Regeln des Netzwerks einhält. Die Regeln umfassen Aspekte wie die Überprüfung digitaler Signaturen, die Einhaltung der Bitcoin-Protokollregeln und die Gewissheit, dass die in der Transaktion ausgegebenen Bitcoins tatsächlich existieren.

Konsens durch Proof of Work: Der Wettbewerb zwischen den Minern schafft einen Konsensmechanismus namens Proof of Work. Das bedeutet, dass eine Transaktion von allen im Netzwerk akzeptiert werden muss, indem sie in einen Block aufgenommen wird, der durch das Lösungsverfahren des mathematischen Problems validiert wurde. Diese dezentrale Zustimmung gewährleistet das Vertrauen in die Richtigkeit der Transaktionen, da das Fälschen einer Transaktion eine astronomische Rechenleistung erfordern würde, was einen solchen Versuch praktisch unmöglich macht.

Belohnungen und Transaktionsgebühren: Neben der Erstellung neuer Bitcoins werden die Miner mit den Transaktionsgebühren belohnt, die im von ihnen validierten Block enthalten sind. Benutzer, die Bitcoin senden, können wählen, Transaktionsgebühren einzuschließen, um die Verarbeitung ihrer Transaktion durch die Miner zu beschleunigen. Daher schafft der Mining-Prozess ein Gleichgewicht zwischen der Belohnung neuer Bitcoins und den Transaktionsgebühren, um die Miner zur Teilnahme am Netzwerk zu motivieren.

Das Verständnis des Aufwands, der beim Mining und bei der Transaktionsvalidierung betrieben wird, offenbart die Widerstandsfähigkeit von Bitcoin. Dieser komplexe Prozess, der von strengen kryptografischen Regeln geleitet wird, ist das eigentliche Fundament des Vertrauens und der Sicherheit, die diese digitale Währungsrevolution kennzeichnen.

b - Erklärung der Rolle von Minern und Knoten im Bitcoin-Netzwerk.

Das Bitcoin-Netzwerk funktioniert durch eine dezentrale Zusammenarbeit von Teilnehmern, von denen jeder eine wesentliche Rolle spielt, um Sicherheit, Gültigkeit und Verlässlichkeit von Transaktionen zu gewährleisten. Zwei wesentliche Akteure in dieser Dynamik sind die Miner und die Knoten.

1. Rolle der Miner:

Miner sind spezielle Teilnehmer im Bitcoin-Netzwerk, die eine entscheidende Rolle bei der Schaffung neuer Bitcoins und der Validierung von Transaktionen spielen. Ihre Hauptrolle besteht darin, Transaktionen in Blöcke zu gruppieren und komplexe mathematische Probleme (Proof of Work) zu lösen, um diese Blöcke der Blockchain hinzuzufügen. Hier sind die Schlüsselpunkte ihres Beitrags:

Erstellung neuer Bitcoins: Wenn ein Miner es schafft, einen neuen Block zur Blockchain hinzuzufügen, wird er mit der Schaffung neuer Bitcoins belohnt. Diese Belohnung ist ein Anreiz für die Teilnahme am Netzwerk und den Energieaufwand für die Lösung komplexer Probleme.

Transaktionsvalidierung: Bevor ein Block zur Blockchain hinzugefügt wird, müssen die Miner die Transaktionen in diesem Block validieren. Sie überprüfen die Legitimität jeder Transaktion, um die Regeln des Bitcoin-Protokolls einzuhalten.

Aufrechterhaltung der Sicherheit: Der Proof of Work macht es extrem schwierig, vergangene Transaktionen zu manipulieren. Um eine vergangene Transaktion zu ändern, müsste ein potenzieller Angreifer nicht nur das mathematische Problem für den betreffenden Block lösen, sondern auch die kombinierte Rechenleistung aller anderen Miner im Netzwerk übertreffen.

2. Rolle der Knoten:

Im Gegensatz zu den Minern beteiligen sich die Knoten nicht am Mining-Prozess, um neue Bitcoins zu erstellen. Dennoch spielen sie eine ebenso wichtige Rolle für die Gesundheit und Robustheit des Netzwerks. Hier sind die Schlüsselaspekte ihres Beitrags:

Unabhängige Validierung: Jeder Knoten im Netzwerk hat eine vollständige Kopie der Blockchain. Die Knoten validieren unabhängig jede Transaktion gemäß den Regeln des Bitcoin-Protokolls. Dies gewährleistet die Einhaltung aller Regeln und die Akzeptanz nur legitimer Transaktionen.

Verbreitung von Transaktionen: Die Knoten beteiligen sich an der Verbreitung von Transaktionen im Netzwerk. Wenn ein Benutzer eine Transaktion durchführt, wird diese über die Knoten verbreitet, um sicherzustellen, dass alle Teile des Netzwerks über die Transaktion informiert sind.

Aufrechterhaltung der Dezentralisierung: Die Knoten tragen zur Aufrechterhaltung der Dezentralisierung des Netzwerks bei, indem sie eine Vielzahl von Überprüfungspunkten bieten. Jeder Knoten hat ein gleiches Gewicht im Validierungsprozess und stärkt damit die Widerstandsfähigkeit des Netzwerks gegen potenzielle Angriffe.

Zusammen schaffen Miner und Knoten ein Ökosystem, in dem Sicherheit, Vertrauen und Dezentralisierung im Mittelpunkt stehen. Ihre ergänzenden Rollen tragen dazu bei, das Bitcoin-Netzwerk zu einem robusten und widerstandsfähigen System in einer sich ständig weiterentwickelnden Welt der Kryptowährungen zu machen.

IV - Der Wert von Bitcoin

a - Analyse der Faktoren, die den Wert von Bitcoin beeinflussen.

Der Wert von Bitcoin, der oft starken Schwankungen unterliegt, wird von verschiedenen wirtschaftlichen, technologischen und geopolitischen Faktoren beeinflusst. Das Verständnis dieser komplexen Einflüsse ist entscheidend, um die Dynamik des Bitcoin-Marktes zu verstehen. Hier ist eine eingehende Analyse der Hauptfaktoren, die zum Wert dieser Kryptowährung beitragen.

Angebot und Nachfrage: Der Wert von Bitcoin wird wie bei anderen Gütern stark von den Gesetzen von Angebot und Nachfrage beeinflusst. Wenn die Nachfrage nach Bitcoin steigt, sei es aufgrund einer erhöhten Akzeptanz, institutionellem Interesse oder der Suche nach Alternativen zu traditionellen Währungen, kann dies zu einem Anstieg des Wertes führen. Ebenso können Ereignisse wie Halbierungen (Halbierung der Mining-Belohnung) das Angebot beeinflussen und somit die Preise beeinflussen.

Institutionelle Akzeptanz: Die Akzeptanz von Bitcoin durch Finanzinstitutionen, Unternehmen und sogar Regierungen kann einen erheblichen Einfluss auf seinen Wert haben. Ankündigungen von Unternehmen, die Bitcoin in ihren Reserven halten oder Bitcoin-Zahlungen akzeptieren, wurden oft mit Preisanstiegen in Verbindung gebracht.

Marktsentiment: Das Marktgefühl, das oft schwer zu quantifizieren ist, spielt eine entscheidende Rolle für den Wert von Bitcoin. Positive Nachrichten, günstige regulatorische Ankündigungen oder technologische Entwicklungen können ein bullishes Sentiment auslösen, während negative Ereignisse zu massiven Verkäufen führen können.

Volatilität: Die Volatilität von Bitcoin ist sowohl eine Eigenschaft als auch eine Herausforderung. Obwohl Volatilität Handelsmöglichkeiten bieten kann, kann sie Bitcoin für diejenigen, die Stabilität suchen, weniger attraktiv machen. Preisschwankungen können durch Faktoren wie Spekulation, Marktzyklen und Bewegungen großer Inhaber (Wal-Adressen) beeinflusst werden.

Geopolitische und Wirtschaftliche Ereignisse: Weltweite Ereignisse wie wirtschaftliche Krisen, geopolitische Spannungen oder Veränderungen in der Geldpolitik können den Wert von Bitcoin als sicheren Hafen oder Alternative zu traditionellen Finanzsystemen beeinflussen.

Technologische Fortschritte: Technologische Entwicklungen im Zusammenhang mit Bitcoin, wie Verbesserungen des Protokolls, Skalierungslösungen oder Innovationen in damit verbundenen Dienstleistungen, können das Vertrauen von Nutzern und Investoren beeinflussen, was sich auf den Wert auswirken kann.

Wahrnehmung von Sicherheit und Legitimität: Die Wahrnehmung von Sicherheit und Legitimität von Bitcoin ist entscheidend. Erfolgreiche Angriffe auf Handelsplattformen, Sicherheitslücken oder regulatorische Bedenken können aufgrund des Vertrauensverlusts der Benutzer zu Preisschwankungen führen.

Regulatorische Umgebung: Sich ständig ändernde Vorschriften weltweit können einen großen Einfluss auf den Wert von Bitcoin haben. Günstige Vorschriften können die Akzeptanz fördern, während restriktive Maßnahmen zu Preisrückgängen führen können. Das komplexe Zusammenspiel dieser Faktoren schafft eine dynamische Landschaft für den Wert von Bitcoin. Investoren und Marktbeobachter müssen sich diesen sich ständig ändernden Einflüssen bewusst sein, um die Preisbewegungen im sich ständig entwickelnden Bitcoin-Ökosystem zu verstehen und vorherzusagen.

b - Vergleich mit traditionellen Währungen und Edelmetallen.

Bitcoin, als Form digitaler Währung, unterscheidet sich signifikant von traditionellen Währungen und Edelmetallen. Dieser Vergleich hilft, die einzigartigen Merkmale von Bitcoin und seine Rolle im globalen Finanzwesen besser zu verstehen.

1. Bitcoin vs. Traditionelle Währungen:

Dezentralisierung: Bitcoin ist dezentralisiert und funktioniert in einem Peer-to-Peer-Netzwerk ohne die Notwendigkeit von Intermediären wie Zentralbanken. Traditionelle Währungen werden hingegen von Zentralbehörden ausgegeben und reguliert, was Auswirkungen auf die Geldpolitik haben kann.

Transparenz: Bitcoin-Transaktionen werden transparent auf der Blockchain erfasst und sind für jeden zugänglich. Traditionelle Währungen sind zwar nachverfolgbar, bieten aber nicht die gleiche Transparenz, und finanzielle Bewegungen können undurchsichtiger sein.

Begrenztes Angebot: Bitcoin hat ein begrenztes Angebot von 21 Millionen Einheiten, was Knappheit schafft. Traditionelle Währungen können dagegen einer Inflation durch die Geldschöpfung unterliegen.

2. **Bitcoin vs. Edelmetalle:**

Transportierbarkeit und Teilbarkeit: Bitcoin als digitale Währung ist leicht übertragbar und teilbar. Edelmetalle wie Gold sind physisch und können weniger praktisch in großen Mengen gehandhabt werden.

Lagerung: Die Speicherung von Bitcoin ist virtuell und erfordert eine digitale Geldbörse. Edelmetalle erfordern hingegen eine sichere physische Lagerung, was kostspielig und umständlich sein kann.

Fungibilität: Bitcoin ist fungibel, jede Einheit ist identisch mit einer anderen. Edelmetalle können zwar Standardwerte haben, können aber in Reinheit und Qualität variieren. • Innerer Wert: Edelmetalle haben einen inneren Wert als Rohstoffe. Bitcoin hingegen bezieht seinen Wert aus dem Vertrauen und seiner digitalen Knappheit.

3. **Allgemeine Ähnlichkeiten und Unterschiede:**

Wert als sicherer Hafen: Bitcoin und Edelmetalle, insbesondere Gold, werden oft als sichere Häfen in wirtschaftlich unsicheren Zeiten betrachtet. Gold hat jedoch eine lange Geschichte als Wertspeicher, während Bitcoin eine neuere Innovation ist.

Preisvolatilität: Sowohl Bitcoin als auch Edelmetalle können Preisschwankungen unterliegen, wobei Edelmetalle historisch gesehen als stabiler gelten.

Akzeptanz: Traditionelle Währungen sind rechtlich weitgehend akzeptiert, während die Akzeptanz von Bitcoin variiert und oft von der Gerichtsbarkeit abhängt. Edelmetalle werden als Wertspeicher verwendet, aber ihre direkte Akzeptanz als Zahlungsmittel ist begrenzt.

Zusammenfassend stellt Bitcoin eine radikale Entwicklung im Verständnis von Geld dar, mit einzigartigen Merkmalen im Vergleich zu traditionellen Währungen und Edelmetallen. Seine Rolle als Wertspeicher, Zahlungsmittel und Finanzanlage weckt ein wachsendes Interesse in der globalen Finanzwelt.

V - Vorteile und Herausforderungen

a - Erkundung der potenziellen Vorteile von Bitcoin in Bezug auf Sicherheit, Dezentralisierung und Privatsphäre.

Bitcoin als dezentrales Finanzsystem, das auf Blockchain und Kryptographie basiert, bietet mehrere potenzielle Vorteile, die zu seiner wachsenden Beliebtheit beitragen. Die Erkundung dieser Schlüsselvorteile gibt Einblicke in das transformative Potenzial von Bitcoin in Bezug auf Sicherheit, Dezentralisierung und Privatsphäre.

1. **Sicherheit:**

Robuste Kryptographie: Die Public-Key-Kryptographie von Bitcoin bietet ein hohes Maß an Sicherheit. Benutzer haben ein Paar Schlüssel, einen öffentlichen und einen privaten, um die Echtheit von Transaktionen und den Schutz von Geldern zu gewährleisten.

Unveränderlichkeit der Blockchain: Sobald eine Transaktion zur Blockchain hinzugefügt wird, wird sie praktisch unveränderlich. Die Struktur der Blockchain in Verbindung mit dem Proof-of-Work macht es äußerst schwierig, vergangene Transaktionen zu ändern und gewährleistet die Integrität des Transaktionsverlaufs.

Widerstandsfähigkeit gegen Zensur: Aufgrund seiner Dezentralisierung ist das Bitcoin-Netzwerk zensurresistent. Keine zentrale Behörde kann Transaktionen blockieren oder kontrollieren, was eine Widerstandsfähigkeit gegen staatliche Eingriffe oder Sperrversuche bietet.

2. Dezentralisierung:

• **Fehlen einer zentralen Autorität:** Im Gegensatz zu traditionellen Währungen, die von Zentralbanken regiert werden, funktioniert Bitcoin auf einem dezentralen Peer-to-Peer-Netzwerk. Es gibt keine einzelne Autorität, die die Währungsemission kontrolliert, was das Risiko einer Währungsmanipulation eliminiert.

• **Fairer Zugang:** Jeder kann am Bitcoin-Netzwerk als Miner, Knoten oder einfacher Benutzer teilnehmen. Die Dezentralisierung gewährleistet eine faire Teilnahme und vermeidet eine übermäßige Machtkonzentration in den Händen weniger.

• **Sicherheit gegen Angriffe: Die** Dezentralisierung macht das Bitcoin-Netzwerk widerstandsfähiger gegen Angriffe. Wettbewerbsfähige Miner und der Proof-of-Work erfordern erhebliche Rechenleistung, um die Blockchain zu ändern, wodurch Angriffe teuer und unpraktisch werden.

3. Privatsphäre:

Pseudonymität: Bitcoin-Benutzer sind pseudonym, was bedeutet, dass sie durch eine Adresse identifiziert werden und nicht durch ihren Namen. Obwohl jede Transaktion in der Blockchain festgehalten wird, bleibt die tatsächliche Identität der Benutzer oft privat.

Kontrolle über finanzielle Informationen: Benutzer haben mehr Kontrolle über ihre finanziellen Informationen. Sie können wählen, nur die für eine Transaktion erforderlichen Details preiszugeben und so ihre Privatsphäre wahren.

Fehlen von Vermittlern: Im Gegensatz zu traditionellen Banktransaktionen gibt es beim Bitcoin keine Vermittler, die persönliche Informationen sammeln und speichern, was das Risiko von Datenschutzverletzungen reduziert.

Obwohl diese potenziellen Vorteile signifikant sind, ist es wichtig zu beachten, dass weiterhin Herausforderungen bestehen, insbesondere in Bezug auf Skalierbarkeit, weitreichende Akzeptanz und Regulierung. Die fortgesetzte Erkundung dieser Vorteile beleuchtet jedoch das transformative Potenzial von Bitcoin bei der Neugestaltung der Standards des aktuellen Finanzsystems.

b - Diskussion der Herausforderungen, einschließlich Volatilität und regulatorischer Bedenken.

Obwohl Bitcoin an Popularität und Anerkennung gewinnt, steht es auch vor mehreren Herausforderungen, die seine Annahme, Stabilität und weltweite Akzeptanz beeinflussen können. Unter diesen Herausforderungen spielen Volatilität und regulatorische Bedenken eine wichtige Rolle.

1. **Volatilität:**

Risikofaktor für Investitionen: Die Preisvolatilität von Bitcoin ist oft deutlich höher als die traditioneller Finanzanlagen. Dies kann für diejenigen, die Bitcoin als Investition betrachten, ein Hindernis darstellen, da der Wert über kurze Zeiträume hinweg signifikanten Schwankungen unterliegen kann.

Barriere für geschäftliche Annahme: Händler zögern manchmal, Bitcoin als Zahlungsmittel zu akzeptieren, aufgrund seiner Volatilität. Das Risiko, dass der Wert von Bitcoin nach einer Transaktion sinkt, kann die breite Akzeptanz als Zahlungsmittel abschrecken.

2. Regulatorische Bedenken

Regulatorische Bedenken: • Rechtliche Unsicherheit: Der rechtliche Status von Bitcoin variiert erheblich von Land zu Land, was zu regulatorischer Unsicherheit führt. Einige Länder begrüßen Bitcoin, während andere Beschränkungen auferlegen oder es verbieten, was die Nutzung beeinträchtigen kann.

Risiko von Verboten: Regierungen könnten restriktive Maßnahmen ergreifen, von der Verbannung von Kryptowährungsbörsen bis hin zu einschränkenden Vorschriften. Diese Maßnahmen können die Wahrnehmung von Bitcoin als Anlageklasse beeinflussen und seine Annahme behindern.

3. Weitere Herausforderungen:

Sicherheits- und Technologierisiken: Obwohl die zugrunde liegende Technologie von Bitcoin robust ist, können Sicherheitslücken an Börsen auftreten, die finanzielle Verluste für Benutzer bedeuten. Außerdem könnten schnelle technologische Entwicklungen unerwartete Risiken und Herausforderungen mit sich bringen.

Umweltfragen: Der Bitcoin-Mining-Prozess erfordert erhebliche Rechenleistung, was aufgrund des damit verbundenen Energieverbrauchs Umweltbedenken aufwirft. Dies könnte zu Kritik und Herausforderungen in Bezug auf Nachhaltigkeit führen.

Begrenzte Akzeptanz: Obwohl immer mehr Unternehmen Bitcoin akzeptieren, bleibt seine Annahme als alltägliches Zahlungsmittel begrenzt. Die Komplexität der Nutzung, Preisvolatilität und andere Faktoren könnten einer weitreichenden Annahme im Wege stehen.

Die Bewältigung dieser Herausforderungen erfordert eine fortlaufende Zusammenarbeit zwischen der Kryptogemeinschaft, Unternehmen, Regierungen und Regulierungsbehörden. Bemühungen zur Verringerung der Volatilität, Klärung des regulatorischen Rahmens und zur Steigerung des Verständnisses und der Akzeptanz von Bitcoin können dazu beitragen, diese Herausforderungen zu überwinden und seine Position in der globalen Finanzlandschaft zu stärken.

VI - Das Bitcoin-Ökosystem

a - Vorstellung verschiedener Börsen, Wallets und Dienstleistungen im Zusammenhang mit Bitcoin.

Bitcoin hat ein komplexes Ökosystem von Dienstleistungen, Handelsplattformen und Wallets hervorgebracht, die den Kauf, Verkauf, die Speicherung und Verwendung dieser Kryptowährung erleichtern sollen. Hier ist eine Übersicht über die Hauptkategorien dieser mit Bitcoin verbundenen Dienste.

1. Börsen:

Börsen ermöglichen den Kauf und Verkauf von Bitcoins, oft gegen traditionelle Währungen. Sie ermöglichen auch den Umtausch zwischen verschiedenen Kryptowährungen. Hier sind einige der beliebtesten:

Coinbase: Eine benutzerfreundliche Plattform, die sich für Anfänger eignet und Dienstleistungen für den Kauf, Verkauf und die Aufbewahrung von Bitcoin anbietet.

Binance: Einer der größten Börsen der Welt mit einer Vielzahl von Handelspaaren und Finanzprodukten im Zusammenhang mit Kryptowährungen.

Kraken: Bekannt für ihre Sicherheit, bietet Kraken eine Vielzahl von Handelspaaren und fortgeschrittenen Funktionen.

Gemini: Eine in den USA ansässige Plattform mit Schwerpunkt auf regulatorischer Konformität und Sicherheit.

2. Bitcoin-Wallets:

Bitcoin-Wallets sind Anwendungen oder Geräte, die das sichere Speichern, Verwalten und Ausgeben von Bitcoins ermöglichen. Sie lassen sich in zwei Hauptkategorien unterteilen: Hot Wallets (online) und Cold Wallets (offline).

Hot Wallets:

Exodus: Ein benutzerfreundliches Software-Wallet mit ansprechender grafischer Benutzeroberfläche.

Electrum: Ein leichtes Wallet, das ein hohes Maß an Kontrolle und Sicherheit bietet.

- **Cold Wallets:**

Ledger Nano S: Ein Hardware-Wallet, das private Schlüssel offline speichert und so eine zusätzliche Sicherheitsebene bietet.

Trezor: Ein weiteres beliebtes Hardware-Wallet mit robuster Sicherheit.

3. Bitcoin-bezogene Dienstleistungen:

Blockfolio: Eine Wallet-Tracking-App, die es Benutzern ermöglicht, die Preise und Leistungen ihrer Bitcoin-Investitionen und anderer Kryptowährungen zu verfolgen.

BitPay: Ein Service, der es Händlern ermöglicht, Bitcoin-Zahlungen zu akzeptieren und automatisch in traditionelle Währung umzuwandeln.

CoinATMRadar: Eine Website, die Standorte von Bitcoin-Geldautomaten auf der ganzen Welt auflistet.

Purse.io: Eine Plattform, die es ermöglicht, Produkte auf Amazon mit Bitcoin zu kaufen und Benutzern Rabatte anzubieten.

Es ist entscheidend, angesehene und sichere Dienste auszuwählen, da der Schutz der privaten Schlüssel und die Sicherheit von Transaktionen grundlegende Aspekte im Bitcoin-Universum sind. Bevor ein Dienst genutzt wird, wird empfohlen, gründliche Recherchen durchzuführen und die Funktionen, Kosten und Sicherheitsmaßnahmen zu verstehen.

b - Erkundung dezentralisierter Anwendungen (dApps) auf der Bitcoin-Blockchain.

Obwohl die Bitcoin-Blockchain hauptsächlich zur Erleichterung von Bitcoin-Transaktionen entwickelt wurde, hat sie auch ein Ökosystem von dezentralen Anwendungen (dApps) hervorgebracht. Diese dApps nutzen die dezentrale und sichere Natur der Bitcoin-Blockchain, um verschiedene Anwendungen zu erstellen. Hier sind einige Beispiele für dezentrale Anwendungen auf der Bitcoin-Blockchain:

1. **Counterparty:**

Beschreibung: Counterparty ist eine Plattform, die die Erstellung benutzerdefinierter Tokens (Krypto-Assets) auf der Bitcoin-Blockchain ermöglicht. Diese Tokens können materielle Vermögenswerte wie Immobilien oder Unternehmensanteile repräsentieren.

Nutzen: Die Erstellung benutzerdefinierter Tokens ermöglicht die Darstellung und den Handel von Vermögenswerten außerhalb von Bitcoin auf der Bitcoin-Blockchain und erweitert damit deren Anwendungsfälle.

2. **RSK (Rootstock):**

Beschreibung: RSK ist eine Plattform, die die Funktionen der Bitcoin-Blockchain erweitert, indem sie die Ausführung von Smart Contracts ermöglicht. Sie soll die Vorteile von Smart Contracts in das Bitcoin-Ökosystem bringen.

Nutzen: RSK ermöglicht es Entwicklern, dezentrale Anwendungen mit Smart-Contract-Funktionen zu erstellen und dabei die Sicherheit der Bitcoin-Blockchain zu nutzen.

3. OpenBazaar:

Beschreibung: OpenBazaar ist ein dezentraler Marktplatz, auf dem Benutzer Güter und Dienstleistungen ohne Zwischenhändler kaufen und verkaufen können. Er nutzt die Bitcoin-Blockchain für Transaktionen.

Nutzen: OpenBazaar zielt darauf ab, einen wirklich freien und dezentralen Markt zu schaffen, der die Gebühren und Beschränkungen zentralisierter E-Commerce-Plattformen eliminiert.

4. Hodl Hodl:

Beschreibung: Hodl Hodl ist eine Peer-to-Peer-Bitcoin-Handelsplattform, die ohne Zwischenhändler funktioniert. Sie nutzt Smart Contracts auf der Bitcoin-Blockchain, um Transaktionen zu sichern.

Nutzen: Hodl Hodl bietet eine dezentrale Alternative zu zentralisierten Handelsplattformen und ermöglicht es Benutzern, Bitcoin sicher und direkt zu handeln.

5. JoinMarket:

Beschreibung: JoinMarket ist eine dezentrale Bitcoin-Mixing-Plattform, die es Benutzern ermöglicht, die Privatsphäre ihrer Transaktionen durch deren Zusammenführung mit anderen zu verbessern.

Nutzen: Durch die Verbesserung der Transaktionsprivatsphäre zielt JoinMarket darauf ab, die Privatsphäre und Fungibilität von Bitcoin zu stärken.

Es ist wichtig zu beachten, dass, obwohl diese dezentralen Anwendungen die Funktionen der Bitcoin-Blockchain erweitern, sie auch den Einschränkungen der Blockchain unterliegen können, wie z. B. der Skalierbarkeit. Die fortgesetzte Erforschung von dApps auf der Bitcoin-Blockchain ist entscheidend, um die Entwicklung dieses ständig wachsenden Ökosystems zu verstehen.

VII - Der Soziale und Wirtschaftliche Einfluss

a - Analyse des potenziellen Einflusses von Bitcoin auf traditionelle Finanzsysteme.

Das Aufkommen von Bitcoin hat intensive Diskussionen über seinen Einfluss auf traditionelle Finanzsysteme ausgelöst. Obwohl Bitcoin traditionelle Währungen nicht vollständig ersetzt, könnte es mehrere signifikante Auswirkungen auf diese Systeme haben.

1. Dezentralisierung und Autonomie:

Beseitigung von Zwischenhändlern: Bitcoin ermöglicht Peer-to-Peer-Transaktionen ohne Notwendigkeit von Zwischenhändlern wie Banken oder Zahlungsabwicklern. Dies könnte potenziell die mit Finanztransaktionen verbundenen Kosten senken und den Benutzern eine größere Kontrolle über ihre Gelder geben.

Globale Finanzielle Zugänglichkeit: Bitcoin kann Finanzdienstleistungen für Bevölkerungsgruppen anbieten, die keinen Zugang zu traditionellen Bankensystemen haben. Nicht-bankfähige oder unterversorgte Personen können über Bitcoin am globalen Finanzsystem teilnehmen.

2. **Entwicklung von Geschäftsmodellen:**

• **Finanzielle Innovation:** Die zugrunde liegende Technologie von Bitcoin, die Blockchain, inspiriert finanzielle Innovationen wie Smart Contracts und Tokens. Diese Technologien könnten die Art und Weise, wie Finanzdienstleistungen erbracht werden, verändern, neue Geschäftsmodelle schaffen und den Wettbewerb erhöhen.

• **Reduzierung der grenzüberschreitenden Gebühren:** Grenzüberschreitende Geldüberweisungen über Bitcoin könnten potenziell die Kosten senken und die Transaktionen im Vergleich zu traditionellen Methoden beschleunigen, was das bestehende Modell von Geldtransferdiensten stören könnte.

3. **Wertspeicherung und Risiken:**

• **Alternative Wertspeicherung:** Einige betrachten Bitcoin als alternativen Wertspeicher im Vergleich zu Gold oder Fiatwährungen. In wirtschaftlich unsicheren Zeiten könnten Investoren Bitcoin als sicheren Hafen betrachten.

• **Volatilität und Risiken:** Allerdings kann die Volatilität von Bitcoin auch Risiken für Investoren darstellen. Der Wert von Bitcoin kann signifikant schwanken, was die Wahrnehmung seiner Stabilität als Wertspeicher beeinträchtigen könnte.

4. Reaktion von Finanzinstituten:

• **Institutionelle Annahme:** Einige Finanzinstitutionen nehmen Bitcoin als Anlageklasse an, was zu einer erhöhten Legitimität der Kryptowährung führt. Unternehmen fügen Bitcoin ihren Barreserven hinzu, was auf eine Veränderung in der traditionellen Wahrnehmung von Bitcoin hinweist.

• **Widerstand und Regulierung:** Andererseits bleiben einige Finanzinstitute und Regierungen skeptisch und haben strenge Regulierungen eingeführt oder erwägen sie, was zu Spannungen zwischen Bitcoin und traditionellen Finanzsystemen führt.

Zusammenfassend lässt sich sagen, dass Bitcoin zwar Vorteile in Bezug auf Dezentralisierung, finanzielle Innovation und erweiterten Zugang bietet, aber auch aufgrund seiner Volatilität und der vorsichtigen Reaktion von Finanzinstituten und Regulierungsbehörden Bedenken aufwirft. Die Entwicklung dieser Dynamik wird maßgeblich davon abhängen, wie Bitcoin weiterhin in globale Finanzsysteme integriert wird und auf Regulierungs- und Sicherheitsbedenken reagiert.

b - Diskussion der Auswirkungen auf Privatsphäre und finanzielle Freiheit.

Bitcoin hat tiefgreifende Auswirkungen auf die Privatsphäre und finanzielle Freiheit, bietet in gewisser Weise einzigartige Vorteile und Herausforderungen in diesen Bereichen.

1. Privatsphäre:

Pseudonymität: Obwohl Bitcoin-Transaktionen in der Blockchain verzeichnet werden, werden Benutzer durch Adressen und nicht durch persönliche Informationen identifiziert. Dies bietet ein gewisses Maß an Anonymität, schafft Pseudonymität und schützt die finanzielle Privatsphäre der Benutzer.

Kontrolle über Informationen: Benutzer haben eine erhöhte Kontrolle über die finanziellen Informationen, die sie preisgeben. Sie können wählen, nur die für eine Transaktion erforderlichen Details preiszugeben und so ihre Privatsphäre im Vergleich zu traditionellen Systemen wahren.

Überwachungsrisiko: Es gibt jedoch Bedenken hinsichtlich der potenziellen Überwachung von Bitcoin-Transaktionen. Obwohl Adressen nicht direkt mit der realen Identität der Benutzer verknüpft sind, können Anstrengungen zur Überwachung unternommen werden, um Adressen mit Personen in Verbindung zu bringen.

2. Finanzielle Freiheit:

Erweiterter finanzieller Zugang: Bitcoin bietet die Möglichkeit des weltweiten finanziellen Zugangs, wodurch jeder mit Internetzugang am globalen Finanznetzwerk teilnehmen kann. Dies kann besonders mächtig für nicht-bankfähige oder unterversorgte Bevölkerungsgruppen sein.

Umgehung von Beschränkungen: Benutzer können finanzielle Einschränkungen, die von einigen Regierungen oder Institutionen auferlegt werden, umgehen. Dies bietet eine Alternative für Personen in Regionen, in denen traditionelle Bankensysteme begrenzt oder zensiert sind.

Absolute Kontrolle: Bitcoin-Inhaber haben absolute Kontrolle über ihre Gelder, ohne auf Zwischenhändler angewiesen zu sein. Dies bedeutet, dass niemand ihre Vermögenswerte einfrieren oder konfiszieren kann, ohne Zugang zu ihren privaten Schlüsseln zu haben.

3. Herausforderungen und Fragen:

Verlustrisiko: Die absolute Kontrolle über die Gelder birgt auch das Risiko eines totalen Verlusts bei Verlust der privaten Schlüssel. Benutzer müssen angemessene Sicherheitsmaßnahmen zum Schutz ihrer Bitcoins ergreifen.

Regulatorische Einhaltung: Initiativen zur Verbesserung der regulatorischen Einhaltung können zur Sammlung weiterer Benutzerinformationen führen und damit die Privatsphäre gefährden.

• **Preisschwankungen**: Die Volatilität von Bitcoin kann für diejenigen, die die Kryptowährung als stabile Wertspeicher nutzen möchten, Herausforderungen darstellen.

Insgesamt bietet Bitcoin bedeutende Chancen, die Privatsphäre und finanzielle Freiheit zu stärken, birgt jedoch auch Fragen und Herausforderungen. Das Gleichgewicht zwischen Privatsphäre und regulatorischer Einhaltung sowie die sorgfältige Verwaltung privater Schlüssel sind entscheidende Aspekte, die bei der Untersuchung der Auswirkungen von Bitcoin in diesen wichtigen Bereichen berücksichtigt werden sollten.

VIII - Die Zukunft von Bitcoin

a - Diskussion über aufkommende Trends und mögliche Szenarien für die Zukunft von Bitcoin.

Die Zukunft von Bitcoin ist Gegenstand vieler Spekulationen aufgrund seiner schnellen Entwicklung und seines Einflusses auf die globalen Finanzmärkte. Mehrere aufkommende Trends und mögliche Szenarien können die Zukunft von Bitcoin beeinflussen.

1. **Institutionelle Akzeptanz:**

• **Aufkommender Trend:** Eine zunehmende Annahme von Bitcoin durch Finanzinstitute und Unternehmen sowohl als Wertspeicher als auch als Investitionsinstrument.

• **Mögliches Szenario:** Die verstärkte Akzeptanz durch große Finanzinstitute könnte die Legitimität von Bitcoin stärken und den Weg für eine breitere Akzeptanz ebnen.

2. Technologische Entwicklungen:

Aufkommender Trend: Technologische Entwicklungen wie die Einführung von Updates des Bitcoin-Protokolls (z.B. Taproot), die Effizienz und Privatsphäre verbessern.

Mögliches Szenario: Fortlaufende Verbesserungen der Bitcoin-Technologie könnten die Nutzung der Kryptowährung steigern, neue Nutzer anziehen und die Netzwerksicherheit stärken.

3. Regulierung und Compliance:

• **Aufkommender Trend:** Eine verstärkte Regulierung von Kryptowährungen durch Regierungen, um klare rechtliche Rahmenbedingungen zu schaffen.

• **Mögliches Szenario**: Eine klarere Regulierung könnte mehr institutionelle Investoren anziehen und den Schutz der Nutzer mit der Förderung von Innovationen in Einklang bringen.

4. Aufkommen neuer Anwendungsfälle:

• **Aufkommender Trend:** Die Erkundung neuer Anwendungsfälle für Bitcoin, die über den reinen Wertspeicher hinausgehen, wie Smart Contracts und dezentrale Anwendungen.

• **Mögliches Szenario:** Die Erweiterung der Anwendungsfälle könnte die Vorteile von Bitcoin diversifizieren, eine breitere Nutzung fördern und Innovationen vorantreiben.

5. Herausforderungen und Volatilität:

• **Aufkommender Trend:** Die Fortdauer von Herausforderungen wie Preisvolatilität, Sicherheitsbedenken und Umweltfragen im Zusammenhang mit dem Mining.

• **Mögliches Szenario:** Die anhaltenden Herausforderungen könnten die Wahrnehmung von Bitcoin beeinflussen und Anpassungen in regulatorischen Ansätzen und Adoptionsstrategien nach sich ziehen.

6. Evolution der finanziellen Paradigmen:

• **Aufkommender Trend: Die** Infragestellung traditioneller finanzieller Paradigmen mit dem Aufkommen der dezentralen Finanzen (DeFi).

• **Mögliches Szenario:** Bitcoin könnte eine wichtigere Rolle bei der Entwicklung von DeFi spielen, neue Finanzmodelle einführen und neue Wege zur Interaktion mit Werten eröffnen.

Es ist wichtig zu beachten, dass die Zukunft von Bitcoin intrinsisch mit vielen externen Faktoren verbunden ist, darunter technologische Entwicklungen, regulatorische Entscheidungen und die Akzeptanz durch die Nutzer. Aufkommende Trends und mögliche Szenarien können sich basierend auf diesen dynamischen Faktoren entwickeln, was die Zukunft von Bitcoin sowohl aufregend als auch unsicher macht.

b - Erforschung potenzieller technologischer Entwicklungen im Zusammenhang mit Bitcoin.

Die technologische Entwicklung ist eine wesentliche Komponente des Bitcoin-Ökosystems. Mehrere potenzielle Entwicklungen könnten die zukünftige technologische Entwicklung dieser Kryptowährung prägen.

1. Skalierbarkeit:

Aktuelle Herausforderung: Die begrenzte Verarbeitungskapazität von Transaktionen auf der Bitcoin-Blockchain kann zu Verzögerungen und hohen Gebühren in Zeiten hoher Nachfrage führen.

Potenzielle Entwicklung: Die Erforschung von Skalierungslösungen wie der Implementierung des Lightning Network, das durchführbare Transaktionen außerhalb der Hauptblockchain ermöglicht und dabei schnelle und kostengünstige Transaktionen gewährleistet.

2. Datenschutz:

Aktuelle Herausforderung: Obwohl Bitcoin oft als pseudonym betrachtet wird, können Versuche der Überwachung unternommen werden, um Adressen mit realen Identitäten zu verknüpfen.

Potenzielle Entwicklung: Die Integration verbesserter Datenschutztechnologien wie Schnorr-Signaturen und vertraulicher Transaktionen könnte die Anonymität der Benutzer stärken.

3. Interoperabilität:

Aktuelle Herausforderung: Kryptowährungen arbeiten oft isoliert, was die Interoperabilität zwischen verschiedenen Netzwerken einschränkt.

Potenzielle Entwicklung: Die Erforschung von Protokollen und Standards zur Erleichterung der Interoperabilität zwischen verschiedenen Blockchains ermöglicht es den Benutzern, Vermögenswerte nahtlos zwischen verschiedenen Netzwerken zu übertragen.

4. Umweltfreundlichkeit:

Aktuelle Herausforderung: Der Bitcoin-Mining-Prozess verbraucht eine beträchtliche Menge an Energie und wirft Umweltfragen auf.

Potenzielle Entwicklung: Die Annahme energieeffizienterer Konsensmechanismen oder die Integration nachhaltigerer Mining-Lösungen zur Minderung der Umweltauswirkungen.

5. Smart Contracts:

Aktuelle Herausforderung: Bitcoin unterstützt native Smart Contracts nicht, eine Funktion, die bei anderen Blockchains grundlegend ist.

Potenzielle Entwicklung: Die Erforschung von Lösungen zur Ermöglichung von Smart Contract-Funktionen auf der Bitcoin-Blockchain oder die Integration mit Drittanbieterprotokollen, die diese Funktionen bieten.

6. Verbesserung der Benutzererfahrung:

Aktuelle Herausforderung: Die Verwendung von Bitcoin kann für unerfahrene Benutzer als komplex empfunden werden.

Potenzielle Entwicklung: Die Entwicklung benutzerfreundlicher Schnittstellen, intuitiver mobiler Anwendungen und sicherer Wallets könnte die breitere Akzeptanz fördern.

7. Dezentrale Governance:

Aktuelle Herausforderung: Die Entscheidungsfindung und die Entwicklung des Bitcoin-Protokolls können manchmal Gegenstand von Community-Debatten sein.

Potenzielle Entwicklung: Die Erforschung von Mechanismen für dezentrale Governance zur Förderung reibungsloserer und gerechterer Entscheidungen innerhalb der Bitcoin-Community.

Diese potenziellen Entwicklungen spiegeln die aktuellen Herausforderungen wider, denen Bitcoin gegenübersteht, sowie Innovationsansätze, um seine Effizienz, Sicherheit und Akzeptanz zu verbessern. Technologische Entwicklungen im Bitcoin-Ökosystem werden voraussichtlich einen signifikanten Einfluss auf seine Zukunft und seine nahtlose Integration in die globale Finanzlandschaft haben.

IX - Tipps für Anfänger

a - Praktische Tipps für die sichere Verwendung von Bitcoin.

Die sichere Verwendung von Bitcoin erfordert ein tiefes Verständnis für bewährte Sicherheitspraktiken. Hier sind einige praktische Tipps für diejenigen, die sicher mit Bitcoin starten möchten:

1. **Bildung:**

Grundlagen verstehen: Bevor Sie beginnen, nehmen Sie sich Zeit, um die Grundlagen von Bitcoin zu verstehen, einschließlich der Funktionsweise der Blockchain, Wallets, privater und öffentlicher Schlüssel.

2. **Auswahl einer sicheren Wallet:**

Hardware Wallet: Hardware Wallets wie Ledger oder Trezor bieten ein hohes Sicherheitsniveau, indem sie die privaten Schlüssel offline speichern. Sie eignen sich ideal für die Aufbewahrung großer Bitcoin-Beträge.

Sichere Software Wallets: Wenn Sie eine Software Wallet bevorzugen, wählen Sie renommierte Lösungen wie

Electrum oder Exodus und laden Sie die Anwendungen nur aus offiziellen Quellen herunter.

3. Sicherheit der privaten Schlüssel:

Sicherer Speicher: Bewahren Sie Ihre privaten Schlüssel an einem sicheren Ort auf, idealerweise offline. Teilen Sie sie niemals online und speichern Sie sie nicht auf mit dem Internet verbundenen Geräten, es sei denn, es ist unbedingt erforderlich.

Backup: Erstellen Sie regelmäßig Backups Ihrer privaten Schlüssel und speichern Sie diese an sicheren physischen Orten wie Tresoren oder Sicherheitsboxen.

4. Verwendung von sicheren Passwörtern:

Starke Passwörter: Verwenden Sie starke und einzigartige Passwörter für alle mit Bitcoin verbundenen Konten. Vermeiden Sie offensichtliche persönliche Informationen und erwägen Sie die Verwendung eines Passwort-Managers.

5. Regelmäßige Software-Updates:

System und Anwendungen: Halten Sie Ihr Betriebssystem, Ihre Antivirensoftware und alle Bitcoin-bezogenen Anwendungen auf dem neuesten Stand. Regelmäßige Updates können wichtige Sicherheitspatches enthalten.

6. Verwendung der Zwei-Faktor-Authentifizierung (2FA):

Aktivierung von 2FA: Aktivieren Sie die Zwei-Faktor-Authentifizierung, wo immer dies möglich ist, insbesondere auf Handelsplattformen und Online-Wallets. Dies fügt eine zusätzliche Sicherheitsebene hinzu.

7. Überprüfung von Transaktionen:

Empfangsadresse: Überprüfen Sie immer die Richtigkeit der Empfangsadresse, bevor Sie eine Transaktion durchführen. Fehlerhafte Adressen können zu Geldverlust führen.

8. Vermeidung verdächtiger Links:

Phishing: Seien Sie sich der Phishing-Versuche bewusst. Klicken Sie niemals auf verdächtige Links oder laden Sie Dateien von unzuverlässigen Quellen herunter. Überprüfen Sie immer die URL.

9. Privatsphäre:

Zurückhaltung: Vermeiden Sie es, sensible Informationen über Ihre Transaktionen oder Online-Wallets preiszugeben. Privatsphäre ist ein wichtiger Teil der Sicherheit.

10. Mit kleinen Beträgen beginnen:

Anfängliche Vorsicht: Starten Sie mit kleinen Bitcoin-Beträgen, wenn Sie anfangen. Dies ermöglicht es Ihnen, sich mit Transaktionen vertraut zu machen, ohne große Risiken einzugehen.

Die Einhaltung dieser Ratschläge kann die Sicherheit von Bitcoin-Transaktionen erheblich stärken. Es ist jedoch wichtig, wachsam zu bleiben und sich über die neuesten Bedrohungen und bewährten Sicherheitspraktiken auf dem Laufenden zu halten.

b - Warnungen vor potenziellen Fallen und bewährten Praktiken mit Bitcoin.

Die Verwendung von Bitcoin birgt einige potenzielle Risiken, und es ist wichtig, bewährte Praktiken zu befolgen, um Sicherheits- und Fondsverwaltungsrisiken zu vermeiden. Hier sind einige Warnungen und bewährte Praktiken:

1. **Phishing und Betrügereien:**

Warnung: Phishing-Betrug ist weit verbreitet. Betrüger erstellen betrügerische Websites und E-Mails, um Anmeldeinformationen zu stehlen.

Bewährte Praktiken: Überprüfen Sie immer die URL der von Ihnen besuchten Websites, verwenden Sie die Zwei-Faktor-Authentifizierung, wenn möglich, und teilen Sie niemals Ihre Anmeldeinformationen per E-Mail oder auf unsicheren Websites.

2. **Ponzi-Systeme und fragwürdige Investitionspläne:**

Warnung: Einige Projekte versprechen unrealistische Renditen und nutzen Ponzi-Schemata, um Investoren anzulocken.

Bewährte Praktiken: Seien Sie vorsichtig bei allzu attraktiven Investitionsvorschlägen. Führen Sie gründliche Recherchen zu jeder Plattform oder jedem Projekt durch, bevor Sie investieren, und meiden Sie "schnell reich werden"-Schemata.

3. Preisvolatilität:

Warnung: Der Preis von Bitcoin ist äußerst volatil und kann sich in kurzer Zeit stark ändern.

Bewährte Praktiken: Investieren Sie nur Geld, das Sie sich leisten können zu verlieren. Vermeiden Sie impulsive Entscheidungen aufgrund kurzfristiger Schwankungen und verfolgen Sie einen langfristigen Ansatz.

4. Sicherheit von Online-Wallets:

Warnung: Online-Wallets sind anfällig für Hacks. Börsenplattformen können ebenfalls Angriffsziele sein.

Bewährte Praktiken: Verwenden Sie sichere Hardware- oder Software-Wallets. Lassen Sie keine großen Geldbeträge langfristig auf Börsenplattformen.

5. Vergessen oder Verlieren von Passwörtern:

Warnung: Der Verlust von Passwörtern oder privaten Schlüsseln kann zum dauerhaften Verlust des Zugriffs auf die Fonds führen.

Bewährte Praktiken: Erstellen Sie Backups Ihrer privaten Schlüssel und Passwörter, speichern Sie sie sicher und stellen Sie sicher, dass Sie bei Bedarf darauf zugreifen können.

6. Verwendung nicht regulierter Dienste:

Warnung: Einige mit Bitcoin verbundene Dienste sind nicht reguliert, was die Risiken erhöhen kann.

Bewährte Praktiken: Verwenden Sie regulierte und renommierte Dienste. Stellen Sie sicher, dass Börsenplattformen und Wallets den in Ihrer Gerichtsbarkeit geltenden Vorschriften entsprechen.

7. Hohe Gebühren und langsame Transaktionen:

Warnung: In Zeiten von Netzwerküberlastungen können die Gebühren steigen und die Transaktionen langsamer werden.

Bewährte Praktiken: Überprüfen Sie die Gebühren, bevor Sie eine Transaktion durchführen. Verwenden Sie Wallets, die es Ihnen ermöglichen, die Gebühren je nach gewünschter Transaktionsgeschwindigkeit anzupassen.

8. Verständnis für Smart Contracts:

• **Warnung:** Smart Contracts auf anderen Blockchains können sich von Bitcoin unterscheiden. Fehler in der Programmierung können zum Verlust von Fonds führen.

Bewährte Praktiken: Bevor Sie Smart Contracts verwenden, verstehen Sie den Code und die Auswirkungen vollständig. Beginnen Sie mit kleinen Beträgen, um das Risiko zu minimieren.

Durch Information, Vorsicht und Anwendung bewährter Sicherheitspraktiken können Benutzer ihre Erfahrung mit Bitcoin maximieren und potenzielle Risiken minimieren. Sorgfalt ist der Schlüssel, um sicher durch das komplexe Ökosystem von Kryptowährungen zu navigieren.

X - Antworten auf häufig gestellte Fragen

Antworten auf einige der häufigsten Fragen zum Bitcoin. Der Bitcoin wirft oft viele Fragen auf, sowohl bei Anfängern als auch bei erfahrenen Anlegern. Hier sind Antworten auf einige der am häufigsten gestellten Fragen zum Bitcoin:

1. Was ist Bitcoin und wie funktioniert es?

Bitcoin ist eine dezentralisierte Kryptowährung, die auf der Blockchain-Technologie basiert. Sie ermöglicht Peer-to-Peer-Transaktionen ohne Intermediäre. Transaktionen werden von Minern überprüft und in der Blockchain erfasst, was Transparenz und Sicherheit gewährleistet.

2. Wer hat Bitcoin erstellt?

Bitcoin wurde 2009 von einer Person (oder einer Gruppe) namens Satoshi Nakamoto erstellt. Die tatsächliche Identität von Nakamoto bleibt unbekannt.

3. Wie bekomme ich Bitcoin?

Bitcoin kann durch den Kauf auf Börsenplattformen, durch das Mining (den Prozess der Transaktionsvalidierung) oder durch die Annahme von Bitcoin als Zahlung für Waren und Dienstleistungen erworben werden.

4. Ist Bitcoin anonym?

Entgegen einer weit verbreiteten falschen Vorstellung ist Bitcoin nicht vollständig anonym. Transaktionen werden in der Blockchain erfasst und sind öffentlich zugänglich. Bitcoin-Adressen sind jedoch nicht direkt mit den realen Identitäten der Benutzer verbunden.

5. Was ist eine Bitcoin-Wallet?

Eine Bitcoin-Wallet ist eine Software oder ein Gerät, mit dem man Bitcoins speichern, empfangen und senden kann. Es gibt Online-, Software-, Hardware- und Papier-Wallets, von denen jeder Vor- und Nachteile in Bezug auf Sicherheit und Benutzerfreundlichkeit hat.

6. Wie viel ist ein Bitcoin wert?

Der Wert von Bitcoin ist stark volatil und kann stark schwanken. Er wird durch Angebot und Nachfrage auf den Handelsmärkten bestimmt. Sie können den aktuellen Preis auf speziellen Online-Plattformen überprüfen.

7. Ist Bitcoin legal?

Die Legalität von Bitcoin variiert je nach Land. Einige akzeptieren es als legale Zahlungsform, während andere es eingeschränkt oder verboten haben. Es ist wichtig, die Vorschriften in Ihrer Gerichtsbarkeit zu verstehen.

8. **Ist Bitcoin sicher?**

Die Sicherheit von Bitcoin hängt davon ab, wie Benutzer ihre privaten Schlüssel verwalten und ihre Wallets auswählen. Obwohl das Netzwerk selbst robust ist, liegen die Risiken oft in den individuellen Sicherheitspraktiken.

9. **Warum ist die Anzahl der Bitcoins auf 21 Millionen begrenzt?**

Die Obergrenze von 21 Millionen Bitcoins wurde von Satoshi Nakamoto festgelegt, um digitale Knappheit zu schaffen und die Knappheit einiger Edelmetalle nachzuahmen. Dies soll übermäßige Inflation verhindern.

10. **Kann Bitcoin für illegale Transaktionen verwendet werden?**

Obwohl einige illegale Transaktionen mit Bitcoin aufgrund seines Pseudonyms stattgefunden haben, ist es wichtig zu beachten, dass die meisten illegalen Aktivitäten besser von traditionellen Fiat-Währungen gehandhabt werden. Bitcoin selbst fördert keine kriminelle Aktivität.

11. **Wie kann ich meine Bitcoins ausgeben?**

Sie können Ihre Bitcoins verwenden, um Waren und Dienstleistungen von Händlern zu kaufen, die Bitcoin akzeptieren. Viele Online- und physische Unternehmen akzeptieren Bitcoin mittlerweile als Zahlungsmethode.

12. Was ist der Unterschied zwischen Bitcoin und Blockchain?

Bitcoin ist eine Kryptowährung, während die Blockchain die zugrunde liegende Technologie ist, die ihr Funktionieren ermöglicht. Die Blockchain ist ein öffentliches und dezentrales Register, das alle Bitcoin-Transaktionen transparent und unveränderlich erfasst.

13. Wie kann ich meine Bitcoin-Wallet sichern?

Um Ihre Bitcoin-Wallet zu sichern, verwenden Sie Hardware-Wallets, erstellen Sie Backups Ihrer privaten Schlüssel, aktivieren Sie die Zwei-Faktor-Authentifizierung und halten Sie Ihre Software auf dem neuesten Stand. Vermeiden Sie es auch, große Mengen an Bitcoins in Online-Wallets zu speichern.

14. Ist Bitcoin eine Finanzblase?

Die Idee, dass Bitcoin eine Finanzblase ist, wird diskutiert. Einige sehen es als nachhaltige Innovation, während andere eine Überbewertung befürchten. Die Preisschwankungen und unterschiedlichen Perspektiven befeuern diese Diskussionen.

15. **Wie funktioniert der Bitcoin-Mining-Prozess?**

Der Bitcoin-Mining-Prozess beinhaltet, dass Miner komplexe mathematische Probleme lösen, um Transaktionen zu validieren und Blöcke in die Blockchain aufzunehmen. Als Belohnung erhalten die Miner neue Bitcoins und Transaktionsgebühren.

16. **Kann ich Bitcoin in Fiat-Währung umwandeln?**

Ja, Sie können Bitcoin auf Börsenplattformen in Fiat-Währung umtauschen. Sie können Ihre Bitcoins gegen Währungen wie den Dollar, den Euro oder andere verkaufen und dann die Gelder auf Ihr Bankkonto überweisen.

17. **Wie kann ich meine Bitcoin-Transaktionen verfolgen?**

Sie können Ihre Bitcoin-Transaktionen mithilfe eines Block-Explorers verfolgen. Dies ermöglicht es Ihnen, nach einer spezifischen Bitcoin-Adresse zu suchen und alle damit verbundenen Transaktionen in der Blockchain zu sehen.

18. **Ist Bitcoin aufgrund des Energieverbrauchs des Minings umweltfreundlich?**

Der Energieverbrauch des Bitcoin-Minings hat ökologische Bedenken aufgeworfen. Es gibt jedoch Initiativen, die an umweltfreundlicheren Lösungen arbeiten. Diskussionen über Alternativen wie den Proof of Stake sind im Gange.

19. Kann Bitcoin als Wertspeicher verwendet werden?

Bitcoin wird aufgrund seiner Knappheit und seines Status als erste Kryptowährung oft als Wertspeicher angesehen. Einige betrachten es als Alternative zur traditionellen Wertaufbewahrung wie Gold.

20. Wie sieht die Zukunft von Bitcoin aus?

Die Zukunft von Bitcoin bleibt umstritten. Einige sehen eine breitere Akzeptanz voraus, während andere auf Herausforderungen hinweisen. Technologische Entwicklungen, Regulierungen und die Entwicklung der Nachfrage werden eine Rolle in seiner Zukunft spielen.

Diese Antworten bieten einen Überblick über häufig gestellte Fragen, aber es ist entscheidend, sich weiter zu informieren und auf dem Laufenden zu bleiben, da sich das Bitcoin-Ökosystem ständig weiterentwickelt.

XI - Aktuelle Kontroversen und Debatten

a - Erkundung der Gemeinschaftsdebatten zu Themen wie Skalierung, Governance und philosophischen Differenzen.

Die Welt des Bitcoin ist dynamisch und von leidenschaftlichen Debatten und Kontroversen in der Gemeinschaft geprägt. Hier ist eine Erkundung der aktuellen Hauptdebatten:

1. Skalierung des Netzwerks:

Debatte: Die Skalierung des Bitcoin-Netzwerks ist eine entscheidende Frage. Einige schlagen vor, die Verarbeitungskapazität von Transaktionen zu erhöhen, während andere argumentieren, dass dies die Dezentralisierung des Netzwerks gefährden könnte.

Standpunkte: Einige befürworten die Einführung von Lösungen wie dem Lightning Network, das schnelle Transaktionen außerhalb der Hauptblockchain ermöglicht. Andere betonen die Bedeutung der Aufrechterhaltung der Dezentralisierung, selbst wenn dies auf Kosten der Transaktionsgeschwindigkeit geht.

2. Dezentrale Governance:

Debatte: Die Frage der Governance im Bitcoin-Netzwerk ist komplex. Wie können wichtige Entscheidungen für die Weiterentwicklung des Protokolls getroffen werden, ohne die Macht zu zentralisieren?

Standpunkte: Einige glauben, dass die Governance dezentralisiert sein sollte, basierend auf dem Konsens innerhalb der Gemeinschaft. Andere schlagen formellere Governance-Mechanismen vor, aber dies birgt Bedenken hinsichtlich einer Machtkonzentration.

3. Philosophische Differenzen:

Debatte: Es gibt unterschiedliche philosophische Ansichten darüber, in welche Richtung sich Bitcoin entwickeln sollte. Einige sehen Bitcoin hauptsächlich als Wertspeicher, während andere auf seine Nützlichkeit als Zahlungsmittel bestehen.

Standpunkte: Einige plädieren für einen konservativeren Ansatz und betonen den Wert als Wertspeicher, während andere Innovationen fördern, um die Anwendungsfälle zu erweitern, einschließlich des täglichen Zahlungsverkehrs.

4. **Integration technischer Verbesserungen:**

Debatte: Die Integration von Updates und technischen Verbesserungen ist eine ständige Quelle von Debatten. Die Frage, welche Verbesserungen prioritär sind und wie sie implementiert werden sollen, kann die Gemeinschaft spalten.

Standpunkte: Einige befürworten schnelle Veränderungen, um wettbewerbsfähig zu bleiben, während andere auf Vorsicht drängen, um Fehler zu vermeiden, die die Sicherheit des Netzwerks gefährden könnten.

5. **Die Rolle von Altcoins:**

Debatte: Einige Mitglieder der Bitcoin-Gemeinschaft hinterfragen die Rolle von Altcoins (anderen Kryptowährungen) und wie sie das Ökosystem beeinflussen können.

Standpunkte: Einige betrachten Altcoins als schädliche Konkurrenten, während andere eine Vielfalt von Projekten als vorteilhaft für den gesamten Kryptowährungsraum sehen.

Diese Debatten spiegeln die demokratische Natur der Bitcoin-Entwicklung wider, in der die Mitglieder der Gemeinschaft eine Stimme haben. Diskussionen und Kompromisse sind entscheidend für die kontinuierliche Entwicklung des Protokolls, unter Beachtung der grundlegenden Prinzipien, die Bitcoin stark machen.

b - Analyse vergangener Kontroversen und ihrer Auswirkungen auf die Bitcoin-Gemeinschaft.

Bitcoin hat im Laufe seiner Existenz mehrere Kontroversen durchlaufen, von denen jede das Bild der Kryptowährung beeinflussen und ihre Entwicklung gestalten kann. Hier ist eine Analyse einiger vergangener Kontroversen und ihrer Auswirkungen auf die Bitcoin-Gemeinschaft:

1. **Schließung von Silk Road (2013):**

Kontroverse: Silk Road war ein Online-Marktplatz für illegale Transaktionen mit Bitcoin. Als die Behörden die Website 2013 schlossen, wurde Bitcoin mit kriminellen Aktivitäten in Verbindung gebracht.

Auswirkungen: Die Schließung von Silk Road trug dazu bei, das Bild von Bitcoin zu verbessern, indem seine Fähigkeit zur Resistenz gegen Zensur betont wurde. Sie zeigte jedoch auch regulatorische Bedenken und die Notwendigkeit einer verantwortungsvollen Nutzung auf.

2. **Fork von Bitcoin Cash (2017):**

Kontroverse: Der Vorschlag, die Blockgröße von Bitcoin zu erhöhen, um Transaktionen zu beschleunigen, führte zu einer Abspaltung und zur Entstehung von Bitcoin Cash. Einige sahen dies als notwendig für die Skalierbarkeit an, während andere es als Bedrohung für die Dezentralisierung betrachteten.

Auswirkungen: Diese Abspaltung führte zu Spannungen innerhalb der Gemeinschaft. Obwohl Bitcoin Cash eine gewisse Aufmerksamkeit erlangte, behielt Bitcoin seine dominante Position. Die Spaltung verdeutlichte Meinungsverschiedenheiten über die Skalierbarkeit.

3. **Debatte über Blockgrößen (2017):**

Kontroverse: Die Debatte über Blockgrößen spaltete die Gemeinschaft in Bezug auf den besten Ansatz zur Lösung der Skalierungsprobleme. Einige befürworteten eine Erhöhung der Blockgröße, während andere Lösungen wie Segregated Witness (SegWit) unterstützten.

Auswirkungen: Diese Debatte zeigte die Komplexität technischer Entscheidungen innerhalb der Gemeinschaft auf. Die Implementierung von SegWit setzte sich letztendlich durch, hinterließ jedoch Narben in der Bitcoin-Governance-Landschaft.

4. Zusammenbruch von Mt. Gox (2014):

Kontroverse: Mt. Gox, eine der ersten und größten Bitcoin-Börsenplattformen, meldete Insolvenz und führte zum Verlust von Tausenden von Bitcoins der Benutzer.

Auswirkungen: Dies erschütterte das Vertrauen in die Sicherheit von Börsenplattformen. Die Notwendigkeit einer verstärkten Regulierung und besserer Sicherheitspraktiken wurde deutlich, um solche Vorfälle in Zukunft zu vermeiden.

5. Gründung von Bitcoin SV (2018):

Kontroverse: Die Abspaltung von Bitcoin Cash führte zur Entstehung von Bitcoin SV, geführt von Craig Wright, der behauptet, Satoshi Nakamoto zu sein. Diese Behauptung wurde stark angezweifelt.

Auswirkungen: Diese Spaltung führte zu Diskussionen über die Legitimität von Wrights Ansprüchen und die Vielfalt der Meinungen innerhalb der Gemeinschaft. Bitcoin SV bleibt eine kleinere Kryptowährung.

Jede dieser Kontroversen hat die Richtung von Bitcoin geprägt und zu seiner Reifung als Netzwerk und Finanzanlage beigetragen. Diese Ereignisse haben auch die Bedeutung dezentraler Governance, Transparenz und Widerstandsfähigkeit für den langfristigen Erfolg von Bitcoin unterstrichen.

XII - Sicherheit und Risikoprävention

a - Praktische Tipps zur Sicherung von Bitcoin-Wallets.

Die Sicherheit von Bitcoin-Wallets ist von entscheidender Bedeutung, um Ihre Mittel zu schützen. Befolgen Sie diese praktischen Tipps, um die Sicherheit Ihres Wallets zu stärken:

1. Verwenden Sie Hardware-Wallets:

Tipp: Hardware-Wallets wie Ledger und Trezor bieten ein hohes Sicherheitsniveau, indem sie Ihre privaten Schlüssel offline speichern. Dadurch wird das Risiko einer Online-Bedrohung erheblich reduziert.

2. Sichern Sie Ihre privaten Schlüssel:

Tipp: Erstellen Sie physische Sicherungskopien Ihrer privaten Schlüssel und speichern Sie sie an sicheren Orten. Dies ermöglicht es Ihnen, Ihre Mittel im Falle von Verlust oder Ausfall des Geräts wiederherzustellen.

3. **Aktivieren Sie die Zwei-Faktor-Authentifizierung (2FA):**

Tipp: Verwenden Sie 2FA, um dem Zugriff auf Ihr Wallet eine zusätzliche Sicherheitsebene hinzuzufügen. Dies beinhaltet normalerweise die Verwendung einer Authentifizierungs-App auf Ihrem Telefon.

4. **Halten Sie Ihre Software auf dem neuesten Stand:**

Tipp: Stellen Sie sicher, dass Ihre Wallet-Software immer mit den neuesten Sicherheitsupdates aktualisiert ist. Entwickler veröffentlichen regelmäßig Patches, um Sicherheitslücken zu beheben.

5. **Vermeiden Sie Online-Wallets für die Langzeitspeicherung:**

Tipp: Online-Wallets sind anfälliger für Cyberangriffe. Verwenden Sie sie hauptsächlich für häufige Transaktionen und bevorzugen Sie Offline-Wallets für die Speicherung größerer Beträge.

6. **Erstellen Sie getrennte Wallets für verschiedene Zwecke:**

Tipp: Erwägen Sie die Verwendung verschiedener Wallets für spezifische Zwecke (z. B. eines für den Handel, eines für die Langzeitspeicherung). Dies minimiert das Risiko im Falle eines Kompromisses eines einzelnen Wallets.

7. **Seien Sie vorsichtig mit persönlichen Informationen:**

Tipp: Vermeiden Sie es, persönliche Informationen im Zusammenhang mit Ihrem Wallet, wie private Schlüssel oder Wiederherstellungsinformationen, online oder mit unzuverlässigen Dritten zu teilen.

8. **Testen Sie regelmäßig die Wiederherstellung von Sicherungskopien:**

Tipp: Stellen Sie sicher, dass Ihre Sicherungsvorgänge ordnungsgemäß funktionieren, indem Sie regelmäßig Wiederherstellungstests durchführen. Dadurch wird sichergestellt, dass Sie im Bedarfsfall auf Ihre Mittel zugreifen können.

9. **Bilden Sie sich über Phishing-Techniken weiter:**

Tipp: Seien Sie sich bewusst über Phishing-Versuche, bei denen böswillige Akteure versuchen, Sie dazu zu verleiten, Ihre Informationen preiszugeben. Überprüfen Sie immer die Echtheit von Websites und E-Mails.

10. Verwenden Sie sichere WLAN-Netzwerke:

Tipp: Verbinden Sie Ihr Bitcoin-Wallet nicht über unsichere öffentliche WLAN-Netzwerke. Verwenden Sie stattdessen private und sichere Netzwerke für sensible Transaktionen. Indem Sie diesen Tipps folgen,

können Sie die Sicherheit Ihres Bitcoin-Wallets stärken und die mit der Verwaltung Ihrer Kryptowährungen verbundenen Risiken reduzieren. Wachsamkeit und die Umsetzung bewährter Sicherheitspraktiken sind im Kryptowährungsökosystem unerlässlich.

b - Prävention von Betrügereien und Sicherheitsrisiken.

Die Prävention von Betrügereien und Sicherheitsrisiken ist im Bitcoin-Ökosystem entscheidend. Hier sind Tipps, um sich vor Betrügereien und Sicherheitsbedrohungen zu schützen:

1. Vermeiden Sie verdächtige Links:

Tipp: Klicken Sie nicht auf Links von unzuverlässigen oder unerwarteten Quellen. Betrüger verwenden oft Phishing-Taktiken, um Informationen zu stehlen.

2. Seien Sie skeptisch gegenüber Angeboten, die zu schön sind, um wahr zu sein:

Tipp: Seien Sie skeptisch gegenüber Angeboten für schnelle Gewinne oder Investitionen. Betrüger verwenden oft unrealistische Versprechen, um Benutzer anzulocken.

3. Überprüfen Sie Websites:

Tipp: Überprüfen Sie vor der Nutzung einer Handelsplattform oder eines Wallets deren Legitimität. Stellen Sie sicher, dass sie robuste Sicherheitsprotokolle verwenden und einen zuverlässigen Ruf haben.

4. Behalten Sie Ihre privaten Informationen im Auge:

Tipp: Teilen Sie niemals Ihre privaten Schlüssel, Wiederherstellungsphrasen oder andere sensible Informationen online. Betrüger können diese Informationen nutzen, um auf Ihr Wallet zuzugreifen.

5. **Verwenden Sie Hardware-Wallets:**

 Tipp: Hardware-Wallets bieten zusätzliche Sicherheit, indem sie Ihre privaten Schlüssel offline speichern und das Risiko von Online-Angriffen reduzieren.

6. **Seien Sie vorsichtig in sozialen Netzwerken:**

Tipp: Vermeiden Sie das Teilen sensibler Informationen in sozialen Netzwerken. Betrüger können diese Informationen nutzen, um gezielt Personen anzugreifen.

7. **Aktivieren Sie die Zwei-Faktor-Authentifizierung (2FA):**

 Tipp: Aktivieren Sie die 2FA, um die Sicherheit Ihrer Konten zu stärken. Dies fügt eine zusätzliche Schutzschicht gegen unbefugten Zugriff hinzu.

8. **Suchen Sie nach Bewertungen und Kommentaren:**

Tipp: Recherchieren Sie vor der Nutzung eines Dienstes oder einer Plattform Online-Bewertungen und Kommentare. Dies gibt Ihnen Hinweise auf den Ruf und die Zuverlässigkeit des Dienstes.

9. Befassen Sie sich mit Betrugstechniken:

Tipp: Informieren Sie sich über gängige Betrugstechniken wie Phishing, gefälschte Börsen und betrügerische Angebote. Wissen ist eine wichtige Verteidigung.

10. Beachten Sie Sicherheitswarnungen:

Tipp: Bleiben Sie über die neuesten Sicherheitsbedrohungen und Warnungen von Cybersicherheitsexperten informiert. Verfolgen Sie die Updates der Sicherheitsprotokolle.

Indem Sie wachsam bleiben und bewährte Sicherheitspraktiken anwenden, können Sie das Risiko von Betrügereien und Sicherheitsbedrohungen im Bitcoin-Bereich erheblich reduzieren. Vorsicht und Wissen sind entscheidend, um sicher durch die Welt der Kryptowährungen zu navigieren.

XIII - Fallstudien

a - Vorstellung von Fallstudien, die den Erfolg oder die Herausforderungen von Unternehmen oder Einzelpersonen im Bitcoin-Ökosystem illustrieren.

Erfolg: Square und die Bitcoin-Adoption

Hintergrund: Square, das mobile Zahlungsunternehmen unter der Leitung von Jack Dorsey, ermöglichte es seinen Nutzern, Bitcoin über seine Cash App zu kaufen und zu verkaufen.

Erfolg: Die Integration von Bitcoin trug maßgeblich zur Adoption der Kryptowährung bei. Die Benutzerfreundlichkeit der Cash App öffnete die Türen für viele neue Nutzer, die in Bitcoin investieren wollten.

Herausforderung: Mt. Gox und der Konkurs

Hintergrund: Mt. Gox, einst die größte Bitcoin-Handelsplattform, meldete 2014 Konkurs an, was zum Verlust von Tausenden von Bitcoins der Nutzer führte.

Herausforderung: Der Konkurs von Mt. Gox offenbarte erhebliche Sicherheits- und Fondsverwaltungsprobleme auf Handelsplattformen. Dies betonte die Bedeutung von Vertrauen und Sicherheit im Bitcoin-Ökosystem.

Erfolg: MicroStrategy und die institutionelle Adoption

Hintergrund: MicroStrategy, ein Softwareunternehmen, wandelte einen bedeutenden Teil seiner Bargeldreserven in Bitcoin um und akzeptierte die Kryptowährung als Wertspeicher.

Erfolg: Diese Entscheidung führte zu einer erheblichen Wertsteigerung der ursprünglichen Investition von MicroStrategy. Sie ebnete auch den Weg für andere Unternehmen, die Bitcoin als eine lebensfähige Alternative zur Diversifizierung ihrer Bargeldreserven betrachten.

Herausforderung: DAO-Sicherheitslücke auf Ethereum

Hintergrund: Der DAO (Dezentrale Autonome Organisation) auf der Ethereum-Blockchain wurde 2016 Opfer einer Sicherheitslücke, die zu einem massiven Diebstahl von ETH führte.

Herausforderung: Dieser Vorfall führte zu Debatten über Governance und Sicherheit von Smart Contracts auf Blockchains. Er führte auch zu einer Spaltung in der Ethereum-Community mit der Schaffung von Ethereum Classic.

Erfolg: Bitcoin-Adoption in El Salvador

Hintergrund: El Salvador wurde im September 2021 das erste Land, das Bitcoin als gesetzliches Zahlungsmittel annahm.

Erfolg: Diese Initiative lenkte weltweit die Aufmerksamkeit auf die staatliche Adoption von Bitcoin. Allerdings stieß sie auch auf Kritik und Herausforderungen im Zusammenhang mit der Volatilität der Kryptowährung.

Herausforderung: Bitfinex-Hack Hintergrund:

Hintergrund: Im Jahr 2016 wurde die Handelsplattform Bitfinex Opfer eines schwerwiegenden Hacks, bei dem 120.000 Bitcoins verloren gingen.

Herausforderung: Dieser Hack machte die Risiken deutlich, die mit der Aufbewahrung von Geldern auf zentralisierten Handelsplattformen verbunden sind. Die Nutzer verloren das Vertrauen in die Sicherheit solcher Plattformen.

Diese Fallstudien beleuchten die Chancen und Herausforderungen, denen Unternehmen und Einzelpersonen im Bitcoin-Ökosystem gegenüberstehen. Sie spiegeln die Komplexität und die sich ständig weiterentwickelnde Dynamik dieses digitalen Finanzuniversums wider.

b - Analyse der aus diesen Erfahrungen gezogenen Lehren.

Die vielfältigen Erfahrungen im Bitcoin-Ökosystem bieten wertvolle Lektionen, die Marktteilnehmer, Investoren und Nutzer leiten können. Hier ist eine Analyse der aus diesen vielfältigen Erfahrungen gezogenen Lehren:

Sicherheit hat oberste Priorität:

Lektion: Vorfälle wie der Bitfinex-Hack und die DAO-Sicherheitslücke unterstreichen die entscheidende Bedeutung von Sicherheit im Bitcoin-Ökosystem. Unternehmen müssen robuste Sicherheitsmaßnahmen implementieren, um die Gelder der Nutzer zu schützen.

Risikomanagement und Diversifikation:

Lektion: Die Adoption von Bitcoin durch Unternehmen wie MicroStrategy betont die Bedeutung des Risikomanagements und der Diversifikation. Organisationen müssen die Vor- und Nachteile abwägen, bevor sie wichtige Entscheidungen in Bezug auf Bitcoin treffen.

Benutzervertrauen ist entscheidend:

Lektion: Der Konkurs von Mt. Gox hat in die Geschichtsbücher geschrieben, wie wichtig das Vertrauen der Nutzer ist. Handelsplattformen und Unternehmen müssen das Vertrauen ihrer Nutzer gewinnen und aufrechterhalten, um im Bitcoin-Ökosystem erfolgreich zu sein.

Innovation und staatliche Adoption:

Lektion: Die Adoption von Bitcoin durch El Salvador zeigt, dass Innovation und staatliche Adoption weltweite Auswirkungen haben können. Diese Initiative betonte jedoch auch die Herausforderungen im Zusammenhang mit der Volatilität und Akzeptanz von Kryptowährungen.

Komplexität der dezentralen Governance:

Lektion: Die Spaltung von Ethereum nach der DAO-Sicherheitslücke verdeutlicht die Komplexität der dezentralen Governance. Gemeinschaften müssen Konsens über Updates und Veränderungen in den Blockchain-Protokollen finden.

Wachsamkeit und Bildung:

Lektion: Das Vorhandensein von Betrügereien und Phishing-Angriffen unterstreicht die Notwendigkeit ständiger Wachsamkeit und Benutzerbildung. Einzelpersonen müssen über Betrugstechniken informiert sein, um Fallen zu vermeiden.

Institutionelle Adoption und regulatorische Überlegungen:

Lektion: Die institutionelle Adoption, wie sie von MicroStrategy illustriert wird, betont die zunehmende Bedeutung von Bitcoin im traditionellen Finanzbereich. Dies unterstreicht jedoch auch die Notwendigkeit regulatorischer Klarheit, um weitere institutionelle Beteiligungen zu fördern.

Kontinuierliche Entwicklung und Anpassung:

Lektion: Die kontinuierliche Entwicklung des Bitcoin-Ökosystems, gekennzeichnet durch Erfolge wie die Integration von Bitcoin durch Square, betont die Notwendigkeit ständiger Anpassung. Unternehmen müssen flexibel bleiben, um von neuen Chancen und Herausforderungen zu profitieren.

Zusammenfassend zeigen diese Erfahrungen die Komplexität und Vielfalt des Bitcoin-Ökosystems. Marktteilnehmer und Nutzer können wichtige Lektionen für die Navigation in diesem sich ständig weiterentwickelnden Raum ziehen und sicherstellen, dass sie gut gerüstet sind, um fundierte Entscheidungen zu treffen. Sicherheit, Benutzervertrauen, Risikomanagement und Anpassungsfähigkeit bleiben Schlüsselelemente für den Erfolg im Bereich der Kryptowährungen.

XIV - Perspektiven zu Regulierungen und Recht

a - Erkundung der sich entwickelnden Vorschriften im Zusammenhang mit Bitcoin in verschiedenen Ländern.

Die Vorschriften rund um Bitcoin variieren erheblich von Land zu Land und spiegeln die Komplexität im Umgang mit dieser neuen Anlageklasse wider. Hier ist ein Überblick über die regulatorischen und rechtlichen Perspektiven in verschiedenen Ländern:

Vereinigte Staaten:

Trend: Die USA haben eine eher positive Haltung gegenüber Bitcoin eingenommen, aber die Vorschriften variieren zwischen den Bundesstaaten. Mehrere Behörden, einschließlich der SEC und CFTC, überwachen verschiedene Aspekte des Kryptowährungs-Ökosystems.

Herausforderungen: Steuervorschriften, Klassifizierung von ICOs (Initial Coin Offerings) und die Überwachung von Börsen sind Schwerpunkte. Die Durchsetzung von KYC/AML (Kenntnisnahme der Kunden/Anti-Geldwäsche)-Regeln wird ebenfalls strenger.

China:

Trend: China hat einen zunehmend restriktiven Ansatz gegenüber Kryptowährungen eingeschlagen, indem es zunächst ICOs im Jahr 2017 verboten und in jüngerer Zeit den Betrieb von Bitcoin-Mining in bestimmten Regionen eingestellt hat.

Herausforderungen: Chinesische Behörden sind besorgt über Marktschwankungen, Risiken für die Finanzstabilität und den möglichen Gebrauch von Kryptowährungen für illegale Aktivitäten.

Japan:

Trend: Japan war eines der ersten Länder, das Kryptowährungen positiv reguliert hat. Es hat Lizenzregeln für Börsen festgelegt und Bitcoin als gesetzliches Zahlungsmittel akzeptiert.

Herausforderungen: Trotz des klaren regulatorischen Rahmens in Japan bleibt die Sicherheit von Börsen ein Anliegen, nach Vorfällen wie dem Coincheck-Hack im Jahr 2018.

Europäische Union:

Trend: Die EU arbeitet an der Entwicklung gemeinsamer Vorschriften für Kryptowährungen. Die fünfte Geldwäscherichtlinie (5AMLD) legt KYC/AML-Regeln für kryptowährungsbezogene Unternehmen fest.

Herausforderungen: Die EU zielt darauf ab, Innovationen im Bereich der Kryptowährungen mit Verbraucherschutz und der Verhinderung von Geldwäsche in Einklang zu bringen.

Indien:

Trend: Indien schwankt zwischen der Akzeptanz und Ablehnung von Kryptowährungen. Es wird über die Schaffung einer digitalen Zentralbankwährung (CBDC) diskutiert, aber Kryptowährungsbörsen stehen vor regulatorischen Herausforderungen.

Herausforderungen: Indische Behörden befürchten Risiken aufgrund der Volatilität von Kryptowährungen und deren Verwendung für illegale Aktivitäten.

Schweiz:

Trend: Die Schweiz ist für ihre positive Haltung gegenüber Kryptowährungen bekannt. Sie bietet einen flexiblen regulatorischen Rahmen, der Innovation im Bereich Fintech fördert.

Herausforderungen: Obwohl die Schweiz zahlreiche Blockchain-Unternehmen beherbergt, bleibt sie auf Risiken im Zusammenhang mit Geldwäscheaktivitäten aufmerksam.

Südkorea:

Trend: Südkorea hat Kryptowährungsbörsen reguliert und KYC/AML-Anforderungen umgesetzt. Das Land zielt darauf ab, Innovationen zu fördern und gleichzeitig Anleger zu schützen.

Herausforderungen: Bedenken hinsichtlich übermäßiger Spekulation und Anlegerschutz haben zu strengeren Vorschriften geführt.

Brasilien:

Trend: Brasilien prüft derzeit die besten Ansätze zur Regulierung von Kryptowährungen. Es hat ein signifikantes Wachstum bei der Adoption von Bitcoin erlebt.

Herausforderungen: Die brasilianischen Regulierungsbehörden streben ein Gleichgewicht zwischen Wachstum des Sektors und Vermeidung von Betrug und Geldwäscherisiken an.

Diese Beispiele verdeutlichen die Vielfalt der regulatorischen Ansätze für Bitcoin weltweit. Während einige Länder Innovationen begrüßen, suchen andere strengere Rahmenbedingungen, um potenzielle Risiken im Zusammenhang mit Kryptowährungen zu mindern. Die sich ständig verändernden Vorschriften unterstreichen die Notwendigkeit für Branchenakteure, informiert zu bleiben und sich an regulatorische Änderungen anzupassen.

b - Diskussion über die potenziellen Auswirkungen von regulatorischen Entwicklungen auf die Bitcoin-Adoption.

Regulatorische Entwicklungen können die Bitcoin-Adoption erheblich beeinflussen und die öffentliche Wahrnehmung, das Investorenvertrauen und die Benutzerfreundlichkeit der Kryptowährung beeinflussen. Hier ist eine Diskussion über die potenziellen Auswirkungen von regulatorischen Entwicklungen auf die Bitcoin-Adoption:

Investorenvertrauen:

Auswirkung: Klare und günstige Vorschriften können das Vertrauen der Investoren in Bitcoin stärken. Insbesondere institutionelle Investoren könnten eher geneigt sein, an den Kryptowährungsmärkten teilzunehmen, wenn transparente Regeln vorhanden sind.

Zugänglichkeit für die Allgemeinheit:

Auswirkung: Vorschriften, die den öffentlichen Zugang zu Bitcoin erleichtern, können die Adoption fördern. Umgekehrt können strenge Regeln den Kauf und die Nutzung von Bitcoin erschweren und damit die Beliebtheit einschränken.

Innovation und Entwicklung des Ökosystems:

Auswirkung: Vorschriften, die Innovationen fördern, können die Entwicklung von Projekten und Dienstleistungen im Zusammenhang mit Bitcoin vorantreiben und das Ökosystem erweitern. Restriktive Regeln könnten jedoch das Wachstum und die Innovation der Branche behindern.

Institutionelle Adoption:

Auswirkung: Klare Vorschriften können die institutionelle Adoption von Bitcoin erleichtern, indem sie Rechtsunsicherheiten beseitigen. Dies könnte mehr Unternehmen dazu ermutigen, Bitcoin in ihre finanziellen Strategien zu integrieren.

Balance zwischen Privatsphäre und Sicherheit:

Auswirkung : Vorschriften, die Privatsphäre und Sicherheit ausbalancieren, können die Wahrnehmung von Bitcoin als Transaktionsmittel beeinflussen. Nutzer könnten sich zu Vorschriften hingezogen fühlen, die ihre Privatsphäre schützen und gleichzeitig kriminelle Aktivitäten verhindern.

Marktvolatilität:

Auswirkung: Vorschriften, die darauf abzielen, Marktschwankungen zu mildern, können die Bitcoin-Adoption als Wertspeicher beeinflussen. Investoren könnten eher geneigt sein, Bitcoin als stabiles Asset zu verwenden, wenn regulatorische Mechanismen dabei helfen, die Volatilität zu reduzieren.

Akzeptanz durch die Regierung:

Auswirkung: Die Annahme oder Ablehnung von Bitcoin durch die Regierung kann die nationale Adoption prägen. Die staatliche Annahme, wie in El Salvador gesehen, könnte die öffentliche Akzeptanz erhöhen, während eine Ablehnung potenzielle Nutzer abschrecken könnte.

Internationalisierung von Dienstleistungen:

Auswirkung: Konsistente Vorschriften auf internationaler Ebene können die Internationalisierung von Bitcoin-bezogenen Diensten erleichtern. Dies könnte den Weg für stärker integrierte globale Märkte für Bitcoin ebnen.

Risiko von Betrug und Manipulation:

Auswirkung: Strenge Regeln gegen Betrug und Manipulation können das Nutzervertrauen stärken. Jedoch könnten übermäßige Vorschriften auch durch übermäßige Verwaltungsaufwände die Innovation beeinträchtigen.

Bildung und Bewusstsein:

Auswirkung: Vorschriften, die die öffentliche Bildung und das Bewusstsein fördern, können bei der Bitcoin-Adoption eine entscheidende Rolle spielen. Regeln, die Transparenz und Bildung fördern, können Ängste und Vorurteile abbauen.

Zusammenfassend haben regulatorische Entwicklungen die Kraft, die Bitcoin-Adoption tiefgreifend zu beeinflussen. Klare, ausgewogene und innovationsfreundliche Vorschriften können ein Umfeld schaffen, das das Wachstum von Bitcoin als legitime und tragfähige Anlageklasse fördert. Übermäßige Regulierung könnte jedoch das Potenzial dieser disruptiven Technologie behindern. Das Ausbalancieren von Benutzerschutz, Förderung von Innovation und Markstabilität bleibt eine wichtige Herausforderung für Regulierungsbehörden weltweit.

XV - Die Ethik von Bitcoin

a - Reflexion über die ethischen Auswirkungen der Verwendung von Bitcoin, einschließlich Umweltüberlegungen im Zusammenhang mit dem Bitcoin-Mining.

Die Verwendung von Bitcoin wirft verschiedene ethische Fragen auf, von Datenschutz und Sicherheit bis hin zu den Umweltauswirkungen des Bitcoin-Minings. Hier ist eine Reflexion über die ethischen Auswirkungen von Bitcoin:

Privatsphäre und Anonymität:

Reflexion: Bitcoin bietet Pseudo-Anonymität und wirft Bedenken hinsichtlich der Transaktionsprivatsphäre auf. Obwohl es als vorteilhaft für den Datenschutz angesehen werden kann, gibt es auch Bedenken hinsichtlich des potenziellen Missbrauchs für illegale Aktivitäten.

Sicherheit und Benutzerschutz:

Reflexion: Die Sicherheit von Bitcoin-Transaktionen hängt weitgehend davon ab, dass Benutzer ihre privaten Schlüssel sicher aufbewahren. Hackerangriffe und verlorene private Schlüssel werfen Fragen zur individuellen Verantwortung und zur Notwendigkeit einer umfassenden Bildung auf.

Umweltauswirkungen des Bitcoin-Minings:

Reflexion: Der Bitcoin-Mining-Prozess verbraucht eine erhebliche Menge an Energie und wirft Umweltbedenken auf. Die Suche nach nachhaltigeren Energiequellen und die Einführung effizienterer Technologien sind wesentlich, um diese Auswirkungen zu mildern.

Finanzielle Zugänglichkeit und Inklusion:

Reflexion: Bitcoin bietet Finanzierungsmöglichkeiten für Personen ohne Zugang zu traditionellen Bankdienstleistungen. Die Preisschwankungen stellen jedoch auch Herausforderungen für diejenigen dar, die

Bitcoin als Zahlungsmittel oder Wertspeicher verwenden möchten.

Ethik der Spekulation:

Reflexion: Die spekulative Natur des Bitcoin-Marktes wirft ethische Fragen auf, insbesondere in Bezug auf kurzfristige Investitionen und schnelle Preisschwankungen. Investoren müssen die ethischen Implikationen ihrer Anlageentscheidungen berücksichtigen.

Umweltverantwortung der Miner:

Reflexion: Bitcoin-Miner tragen aufgrund des Energieverbrauchs eine Umweltverantwortung. Die Annahme nachhaltigerer Mining-Praktiken und die Erforschung umweltfreundlicher Lösungen sind wichtige ethische Überlegungen.

Bildung und Bewusstsein:

Reflexion: Die Bildung der Benutzer über Sicherheitsbestimmungen, Risiken im Zusammenhang mit Bitcoin und das Verständnis ethischer Auswirkungen ist entscheidend. Bemühungen zur Erhöhung des öffentlichen Bewusstseins können zu einer ethischeren Nutzung von Bitcoin beitragen.

Ethik der Vermögensumverteilung:

Reflexion: Einige betrachten Bitcoin als Mittel zur Umverteilung von Vermögen, indem sie Investitionsmöglichkeiten für Einzelpersonen bieten. Die Konzentration von Bitcoin in wenigen Händen wirft jedoch Fragen zur Fairness und Vermögensverteilung auf.

Ethik der Governance-Debatten:

Reflexion: Debatten innerhalb der Bitcoin-Community über Protokollaktualisierungen und Governance werfen ethische Fragen zur Entscheidungsfindung und Vertretung auf. Die

Beteiligung der Gemeinschaft und Transparenz sind
wesentliche ethische Aspekte.

Die Rolle von Bitcoin in Entwicklungsländern:

Reflexion: In Entwicklungsländern könnte Bitcoin eine
Alternative zu traditionellen Finanzsystemen bieten. Dabei
müssen jedoch ethische Bedenken wie finanzielle Stabilität
und Anlegerschutz berücksichtigt werden.

Zusammenfassend ist die Ethik von Bitcoin ein komplexes
Gebiet, das Überlegungen zum Datenschutz, zur Sicherheit,
zur Umwelt, zur finanziellen Inklusion und zur Governance
umfasst. Benutzer, Miner, Regulierungsbehörden und die
Gemeinschaft insgesamt müssen sich kontinuierlich mit
ethischen Fragen auseinandersetzen, um eine ethische
Verwendung von Bitcoin zu fördern und potenziellen
ethischen Herausforderungen zu begegnen.

b - Diskussion über die soziale Verantwortung der Akteure im Bitcoin-Ökosystem.

Die soziale Verantwortung der Akteure im Bitcoin-Ökosystem ist angesichts der wachsenden Auswirkungen dieser Technologie auf Einzelpersonen, Gemeinschaften und den Planeten entscheidend. Hier ist eine Diskussion über verschiedene Facetten der sozialen Verantwortung im Zusammenhang mit Bitcoin:

Transparenz und Kommunikation:

Reflexion: Unternehmen und Organisationen, die mit Bitcoin verbunden sind, tragen die Verantwortung, ihre Aktivitäten transparent zu kommunizieren. Dies umfasst die Offenlegung von Sicherheitspraktiken, Umweltpolitiken und sozialen Initiativen.

Öffentliche Bildung:

Reflexion: Die Akteure im Bitcoin-Ökosystem sind verantwortlich für die Aufklärung der Öffentlichkeit über die technischen, ethischen und wirtschaftlichen Aspekte von Bitcoin. Aufklärung kann zu einer verantwortungsbewussteren und informierteren Nutzung dieser Technologie beitragen.

Prävention illegaler Aktivitäten:

Reflexion: Bitcoin-Handelsplattformen und damit verbundene Unternehmen sind dafür verantwortlich, robuste Sicherheitsmaßnahmen zur Verhinderung illegaler Aktivitäten wie Geldwäsche und Terrorismusfinanzierung zu implementieren.

Betrugs- und Betrugsvorbeugung:

Reflexion: Die Akteure im Bitcoin-Ökosystem müssen sich aktiv an der Betrugs- und Betrugsprävention beteiligen. Dies kann die Implementierung von Bildungsprogrammen umfassen, um Benutzer beim Erkennen von Betrugssignalen zu unterstützen.

Verwaltung von Umweltauswirkungen:

Reflexion: Bitcoin-Miner tragen die Verantwortung, ihre Umweltauswirkungen durch die Einführung nachhaltigerer Mining-Praktiken zu minimieren. Die Erforschung erneuerbarer Energiequellen und Energieeffizienz ist entscheidend.

Finanzielle Inklusion und wirtschaftliche Verantwortung:

Reflexion: Unternehmen, die den Zugang zu Bitcoin ermöglichen, tragen die Verantwortung, die finanzielle Inklusion zu fördern. Dies umfasst die Gewährleistung, dass die Verwendung von Bitcoin keine wirtschaftlichen Ungleichheiten schafft und faire Möglichkeiten bietet.

Gemeinschaftsengagement:

Reflexion: Die Akteure im Bitcoin-Ökosystem tragen die Verantwortung, sich aktiv mit lokalen und globalen Gemeinschaften zu engagieren. Dies kann philanthropische Initiativen, Gemeinschaftspartnerschaften und Unterstützung für soziale Projekte umfassen.

Menschenrechtschutz:

Reflexion: Unternehmen und Organisationen, die mit Bitcoin verbunden sind, tragen die Verantwortung, Menschenrechte zu respektieren. Dies umfasst den Schutz der Privatsphäre der Benutzer und die Gewährleistung ethischer Geschäftspraktiken.

Teilnahme an dezentraler Governance:

Reflexion: Die Akteure im Bitcoin-Ökosystem tragen die Verantwortung, konstruktiv an dezentraler Governance teilzunehmen. Dies umfasst die Förderung unterschiedlicher

Meinungen und die Mitwirkung an Entscheidungen, die die Gemeinschaft betreffen.

Verantwortliche Forschung und Innovation:

Reflexion: Unternehmen und Entwickler, die an Bitcoin beteiligt sind, tragen die Verantwortung, Forschung und Innovation verantwortungsbewusst durchzuführen. Dies umfasst die Berücksichtigung ethischer und sozialer Auswirkungen neuer Technologien oder Protokollaktualisierungen.

Zusammenfassend geht die soziale Verantwortung im Bitcoin-Ökosystem über die traditionellen Grenzen der Unternehmensverantwortung hinaus. Beteiligte Akteure müssen ihre Auswirkungen auf die Gesellschaft als Ganzes berücksichtigen und sich bemühen, positiv zu sozialen, wirtschaftlichen und Umweltfragen im Zusammenhang mit dieser aufkommenden Technologie beizutragen.

XVI - Bitcoin-Community und Kultur

a - Erkundung der Kultur, die die Bitcoin-Community umgibt.

Die Kultur, die sich um die Bitcoin-Gemeinschaft bildet, ist einzigartig und wird von den Idealen, Werten und spezifischen Herausforderungen dieser dezentralen Finanztechnologie beeinflusst. Hier ist eine Erkundung der Kultur, die die Bitcoin-Community umgibt:

Dezentralisierung und Autonomie:

Erkundung: Die Bitcoin-Kultur ist tief in Dezentralisierung und Autonomie verwurzelt. Die Mitglieder der Gemeinschaft schätzen die Fähigkeit, ihre eigenen Gelder zu verwalten, an Governance-Entscheidungen teilzunehmen und sich von zentralisierten Finanzsystemen zu lösen.

Cypherpunk und Privatsphäre:

Erkundung: Die Bitcoin-Kultur hat ihre Wurzeln in der Cypherpunk-Bewegung, die Wert auf den Schutz der Privatsphäre und die Vertraulichkeit von Transaktionen legt. Die Mitglieder der Community legen großen Wert auf Sicherheit und Widerstand gegen Überwachung.

Bildung und Sensibilisierung:

Erkundung: Die Bitcoin-Kultur fördert Bildung und
Sensibilisierung. Die Mitglieder bemühen sich, die
Öffentlichkeit über die Technologie, ihre Funktionsweise
und ihre potenziellen Vorteile zu informieren. Diese Bildung
wird als entscheidend für eine verantwortungsvolle
Adoption von Bitcoin angesehen.

Hodl und Widerstandsfähigkeit:

Erkundung: Der Begriff "hodl", abgeleitet von einem
Tippfehler des Wortes "hold", ist zu einem Symbol in der
Bitcoin-Kultur geworden. Er steht für die
Widerstandsfähigkeit gegenüber Preisvolatilität und das
Engagement, Bitcoin-Vermögenswerte langfristig zu halten.

Memes und Humor:

Erkundung: Die Bitcoin-Community ist bekannt für die
Verwendung von Memes und Humor, um komplexe
Themen anzugehen. Memes wie der "Bitcoin Roller Coaster
Guy" sind zu Symbolen der Online-Bitcoin-Kultur geworden.

Open Source und Zusammenarbeit:

Erkundung: Die Bitcoin-Kultur ist eng mit der Idee von
Open-Source-Software und Zusammenarbeit verbunden.

Das Bitcoin-Protokoll selbst ist Open Source und fördert Transparenz und Beitrag von Entwicklern weltweit.

Bitcoin-Wirtschaft:

Erkundung: Die Bitcoin-Community hat eine eigene Wirtschaft entwickelt, mit Händlern, die Bitcoin als Zahlungsmittel akzeptieren, Handelsplattformen und Finanzdienstleistungen, die speziell für Bitcoin-Nutzer konzipiert sind.

Finanzielle Reife und Investitionen:

Erkundung: Die Bitcoin-Kultur entwickelt sich hin zu finanzieller Reife, mit Diskussionen über Risikomanagement, Portfolio-Diversifikation und langfristige Investitionen. Die Mitglieder fördern einen reflektierten Ansatz für das Management von Bitcoin-Vermögenswerten.

Veranstaltungen und Konferenzen:

Erkundung: Die Bitcoin-Kultur kommt in spezifischen Veranstaltungen und Konferenzen wie der Bitcoin Conference und der Consensus zum Ausdruck. Diese Treffen fördern die Gemeinschaft, das Networking und Diskussionen über die Zukunft von Bitcoin.

Annahme und sozialer Einfluss:

Erkundung: Die Bitcoin-Kultur spiegelt auch den Wunsch nach breiterer Akzeptanz wider. Die Mitglieder der Gemeinschaft versuchen, sozialen Einfluss zu nehmen, indem sie die Vorteile von Bitcoin als alternatives Finanzsystem demonstrieren.

Zusammenfassend ist die Kultur, die die Bitcoin-Community umgibt, vielfältig, dynamisch und ständig im Wandel. Sie wird durch Ideale der Dezentralisierung, der Widerstandsfähigkeit und des Schutzes der Privatsphäre genährt. Die Bitcoin-Community spielt eine Schlüsselrolle bei der Definition dieser Kultur und trägt dazu bei, die Zukunft dieser dezentralen Finanztechnologie zu gestalten.

b - Diskussion über die Bedeutung der Gemeinschaft für die Entwicklung und Akzeptanz von Bitcoin.

Die Gemeinschaft spielt eine entscheidende Rolle bei der Entwicklung und Akzeptanz von Bitcoin und trägt dazu bei, die Entwicklung dieser dezentralen Finanztechnologie zu gestalten. Hier ist eine Diskussion über die Bedeutung der Gemeinschaft im Kontext von Bitcoin:

Protokollentwicklung:

Diskussion: Die Bitcoin-Gemeinschaft ist in fortwährenden Diskussionen über Protokollaktualisierungen involviert. Debatten über Verbesserungen, Skalierungsanpassungen und andere Änderungen spiegeln die Vielfalt der Meinungen innerhalb der Gemeinschaft wider. Diese Diskussionen tragen transparent und dezentral zur Entwicklung des Protokolls bei.

Annahme und Bildung:

Diskussion: Die Bitcoin-Gemeinschaft spielt eine entscheidende Rolle bei der Annahme und Bildung der Öffentlichkeit. Bildungsinitiativen, Seminare, Podcasts und Veröffentlichungen tragen dazu bei, das Bewusstsein für die Bitcoin-Technologie zu schärfen. Informationen aus der Gemeinschaft werden oft als authentischer und unparteiischer angesehen.

Akzeptanz durch Unternehmen:

Diskussion: Der Einfluss der Bitcoin-Gemeinschaft erstreckt sich auf die Akzeptanz durch Unternehmen. Gemeinschaftliche Kampagnen, Empfehlungen und die aktive Nutzung von Bitcoin fördern Unternehmen, diese Kryptowährung in ihre Zahlungsmethoden zu integrieren, was zur wirtschaftlichen Legitimität beiträgt.

Verteidigung der Dezentralisierung:

Diskussion: Die Bitcoin-Gemeinschaft verteidigt vehement die Dezentralisierung. Das Engagement, das dezentrale Netzwerk von Bitcoin gegenüber traditionellen Finanzsystemen zu erhalten, ist ein zentrales Thema der gemeinschaftlichen Diskussionen. Dies stärkt die Widerstandsfähigkeit von Bitcoin gegen Zensur und Manipulation.

Geteilte Kultur und Identität:

Diskussion: Die innerhalb der Bitcoin-Gemeinschaft geteilte Kultur schafft eine einzigartige Identität. Werte wie Widerstandsfähigkeit, finanzielle Verantwortung, Transparenz und gegenseitiges Vertrauen werden häufig geteilt und stärken das soziale Gefüge der Gemeinschaft.

Kontrolle über Knoten und Rechenleistung:

Diskussion: Die Verteilung der Rechenleistung und der Knoten innerhalb der Gemeinschaft trägt zur Sicherheit und Widerstandsfähigkeit des Bitcoin-Netzwerks bei. Diskussionen über die aktive Beteiligung an der Verwaltung dieser Ressourcen stärken die Robustheit des Systems.

Widerstand gegen externe Drucke:

Diskussion: Die Bitcoin-Gemeinschaft sieht sich oft externem Druck ausgesetzt, sei es in Form von Vorschriften, Kritik oder Versuchen der Manipulation. Die Fähigkeit der Gemeinschaft, zusammenzuhalten und die grundlegenden Prinzipien von Bitcoin zu verteidigen, ist entscheidend für die Aufrechterhaltung des dezentralen Systems.

Innovation und dezentrale Projekte:

Diskussion: Die Innovation im Bitcoin-Ökosystem entsteht oft aus der Gemeinschaft selbst. Entwickler, Unternehmer und Mitwirkende arbeiten an dezentralen Projekten wie dezentralen Anwendungen (dApps), die die Anwendungsfälle von Bitcoin erweitern.

Feedback und kontinuierliche Verbesserungen:

Diskussion: Die Bitcoin-Gemeinschaft liefert kontinuierlich Feedback zu notwendigen Verbesserungen und potenziellen Problemen. Dieses Feedback ist entscheidend für agile Entwicklung und schnelle Lösung von Herausforderungen im Netzwerk.

Sozialer und kultureller Einfluss:

Diskussion: Der soziale und kulturelle Einfluss der Bitcoin-Gemeinschaft trägt dazu bei, die Akzeptanz von Bitcoin über technische Aspekte hinaus zu gestalten. Bewegungen wie die "Bitcoin Orange Pill" betonen die kulturelle und philosophische Wirkung der Gemeinschaft auf die Wahrnehmung von Bitcoin.

Zusammenfassend ist die Bitcoin-Gemeinschaft ein leistungsstarker Treiber, der die Entwicklung, Annahme und Integration dieser dezentralen Finanztechnologie vorantreibt. Ihr fortwährendes Engagement, ihre Vielfalt an Ideen und ihr kollektiver Einfluss spielen eine wesentliche Rolle in der Entwicklung von Bitcoin und seinem schrittweisen Einbezug in die globalen Finanzsysteme.

XVII - Finanzielle Bildung und wirtschaftliche Inklusion

a - Analyse der Rolle von Bitcoin in der finanziellen Bildung und wirtschaftlichen Inklusion.

Die Entstehung von Bitcoin hat neue Perspektiven in Bezug auf finanzielle Bildung und wirtschaftliche Inklusion eröffnet. Diese Analyse untersucht die Rolle von Bitcoin in diesen wichtigen Bereichen:

Weltweiter Finanzzugang:

Analyse: Bitcoin bietet weltweiten Finanzzugang, was besonders für unbankierte oder unterbankierte Bevölkerungsgruppen von Vorteil ist. Personen ohne Zugang zu herkömmlichen Bankdienstleistungen können an der globalen Wirtschaft teilnehmen, indem sie Bitcoin als Tauschmittel und Wertspeicher nutzen.

Dezentralisierte finanzielle Bildung:

Analyse: Bitcoin erleichtert eine dezentralisierte finanzielle Bildung. Nutzer können Grundlagen der Finanzen,

Wirtschaft und Vermögensverwaltung erlernen, ohne auf traditionelle Finanzintermediäre angewiesen zu sein. Bildungsressourcen zu Bitcoin sind weitgehend online zugänglich.

Inklusion von unbankierten Bevölkerungsgruppen:

Analyse: Unbankierte Bevölkerungsgruppen, insbesondere in Entwicklungsländern, können durch Bitcoin Zugang zu Finanzdienstleistungen erhalten. Peer-to-Peer-Transaktionen ermöglichen schnelle und kostengünstige grenzüberschreitende Zahlungen und beseitigen traditionelle Barrieren.

Währungsstabilität in instabilen Wirtschaften:

Analyse: In instabilen Wirtschaften bietet Bitcoin eine stabile Alternative, um den Wert von Vermögenswerten zu schützen. Bürgerinnen und Bürger von Ländern mit Hyperinflation oder Währungskrisen können Bitcoin als finanziellen Schutz nutzen.

Sparen und finanzielle Planung:

Analyse: Bitcoin kann als Sparinstrument dienen, das es Einzelpersonen ermöglicht, langfristig Werte zu erhalten. Es bietet auch eine alternative Option für finanzielle Planung, insbesondere wenn traditionelle Zinssätze niedrig sind.

Beseitigung hoher Transaktionsgebühren:

Analyse: Grenzüberschreitende Geldtransfers über Bitcoin beseitigen hohe Transaktionsgebühren, die mit traditionellen Finanzdienstleistungen verbunden sind. Dies fördert eine breitere wirtschaftliche Inklusion, indem es die Kosten für Wanderarbeiter und kleine Unternehmen senkt.

Finanzielle Aufklärung:

Analyse: Bitcoin fördert die finanzielle Aufklärung, indem es die Nutzer dazu ermutigt, die Mechanismen der Blockchain, der Sicherheit privater Schlüssel und der Aspekte der Preisvolatilität zu verstehen. Dies trägt zu einer breiteren finanziellen Bildung über Bitcoin hinaus bei.

Wirtschaftliche Teilhabe von Frauen:

Analyse: Bitcoin kann eine Rolle bei der Förderung der wirtschaftlichen Teilhabe von Frauen spielen, insbesondere in Regionen, in denen Frauen begrenzten Zugang zu herkömmlichen Finanzdienstleistungen haben. Finanzielle Ermächtigung wird durch Bitcoin zugänglicher.

Innovation in Finanzdienstleistungen:

Analyse: Das Aufkommen von Bitcoin fördert die Innovation in Finanzdienstleistungen. Neue Unternehmen und Start-ups entwickeln Bitcoin-zentrierte Lösungen, um den spezifischen Bedürfnissen der Nutzer gerecht zu werden und die wirtschaftliche Inklusion zu fördern.

Individuelle Verantwortung:

Analyse: Bitcoin fördert die individuelle Verantwortung, indem es den Nutzern volle Kontrolle über ihre Gelder ermöglicht. Einzelpersonen werden ermutigt, Aspekte der Sicherheit, Verwaltung privater Schlüssel und Risikomanagement zu verstehen, was die persönliche finanzielle Verantwortung stärkt.

Zusammenfassend spielt Bitcoin eine entscheidende Rolle in der finanziellen Bildung und wirtschaftlichen Inklusion, indem es dezentrale Lösungen bietet, die einem weltweiten Publikum zugänglich sind. Seine Auswirkungen auf individuelle Autonomie, finanziellen Zugang und wirtschaftliche Stabilität machen es zu einem potenziell transformierenden Werkzeug im globalen Finanzwesen.

b - Exploration von Projekten zur Verbesserung des Zugangs zu Finanzdienstleistungen mithilfe von Bitcoin.

Verschiedene Projekte sind entstanden, um das Potenzial von Bitcoin zu nutzen und den Zugang zu Finanzdienstleistungen weltweit zu verbessern. Diese Erkundung beleuchtet einige innovative Initiativen:

Bitcoin für Unbankierte:

Beschreibung: Projekte konzentrieren sich darauf, Bitcoin zu nutzen, um Finanzdienstleistungen für unbankierte Bevölkerungsgruppen anzubieten. Sie erleichtern den Zugang zu Konten, Zahlungen und Darlehen, ohne auf ein herkömmliches Bankkonto angewiesen zu sein.

Beispiel: Mobile Anwendungen ermöglichen es Benutzern, Bitcoins zu besitzen und zu übertragen, ohne eine Bank zu benötigen. Diese Lösungen zielen darauf ab, finanzielle Inklusion für Bevölkerungsgruppen ohne Zugang zu Bankdienstleistungen zu schaffen.

Mikrofinanzierungsdienste:

Beschreibung: Einige Projekte nutzen Bitcoin, um Mikrofinanzierungsdienste bereitzustellen. Dies ermöglicht es Einzelpersonen, kleine Darlehen für unternehmerische oder landwirtschaftliche Projekte ohne die Einschränkungen traditioneller Finanzinstitutionen zu erhalten.

Beispiel: Plattformen für Mikrofinanzierung basierend auf Bitcoin ermöglichen es Kreditgebern, Mittel direkt an Kreditnehmer zu vergeben, wodurch Vermittler entfernt und Kosten reduziert werden.

Gebührenfreie grenzüberschreitende Transfers:

Beschreibung: Einige Projekte erforschen die Verwendung von Bitcoin, um grenzüberschreitende Transfers zu erleichtern, insbesondere in Regionen, in denen herkömmliche Überweisungsgebühren prohibitiv sind. Dies macht Geldtransfers schneller, erschwinglicher und zugänglicher.

Beispiel: Bitcoin-basierte Zahlungsplattformen ermöglichen es Benutzern, Gelder mit minimalen Gebühren im Vergleich zu herkömmlichen Dienstleistungen ins Ausland zu senden und zu empfangen.

Dezentrale Spar- und Finanzplanung:

Beschreibung: Einige Projekte nutzen Bitcoin, um dezentrale Sparlösungen zu schaffen. Benutzer können ihre Ersparnisse mithilfe intelligenter Blockchain-basierter Mechanismen erhalten und vermehren.

Beispiel: Anwendungen ermöglichen Benutzern, Bitcoins in intelligente Verträge zu hinterlegen, die Renditen basierend auf automatisierten Kredit- und Leihprotokollen generieren.

Bitcoin-Gehälter für weltweite Arbeitskräfte:

Beschreibung: Einige Projekte konzentrieren sich darauf, Gehälter in Bitcoin für internationale Arbeitskräfte auszuzahlen. Dies bietet eine Alternative zu traditionellen Zahlungssystemen, die oft langsamer und teurer sind.

Beispiel: Unternehmen nutzen Plattformen, die die Zahlung in Bitcoin erleichtern und es Arbeitnehmern ermöglichen, Zahlungen schnell und mit geringeren Gebühren zu erhalten.

Dezentralisierte finanzielle Bildung:

Beschreibung: Projekte konzentrieren sich auf dezentralisierte finanzielle Bildung unter Verwendung von Bitcoin als Lernwerkzeug. Dies umfasst Online-Kurse, Tutorials und Simulationen, um Benutzern zu helfen, grundlegende finanzielle Konzepte zu verstehen.

Beispiel: Bildungsplattformen bieten interaktive Kurse zu Blockchain, Bitcoin und grundlegenden Finanzfähigkeiten an.

Bitcoin-Debitkarten:

Beschreibung: Einige Projekte bieten Bitcoin-Debitkarten an, mit denen Benutzer ihre Bitcoins direkt in Geschäften ausgeben können. Dies erleichtert die tägliche Verwendung von Bitcoin für alltägliche Transaktionen.

Beispiel: Unternehmen stellen Bitcoin-Debitkarten aus, die mit den Bitcoin-Wallets der Benutzer verbunden sind und es ihnen ermöglichen, Bitcoins in physischen und Online-Geschäften auszugeben.

Dezentralisierte Finanzen (DeFi):

Beschreibung: Dezentralisierte Finanzen (DeFi) verwenden oft Bitcoin als Sicherheit, um traditionelle Finanzdienstleistungen wie Kredite, Darlehen und Austauschdienste bereitzustellen, ohne auf Vertrauensdritte angewiesen zu sein.

Beispiel: DeFi-Protokolle auf Basis von Bitcoin ermöglichen es Benutzern, Bitcoins als Sicherheit zu hinterlegen, um auf Dienste wie Kryptokreditvergabe zuzugreifen.

Diese Initiativen zeigen die Vielfalt der Projekte auf, die darauf abzielen, Bitcoin zu nutzen, um den Zugang zu Finanzdienstleistungen zu verbessern, und stärken so die wirtschaftliche Inklusion und die Dezentralisierung des Finanzsystems.

XVIII - Zusammenfassung

A - Zusammenfassung der Schlüsselpunkte.

Der Bitcoin als Revolution in der Finanzwelt hat neue Perspektiven eröffnet und innovative Initiativen hervorgebracht. Hier ist eine Zusammenfassung der Schlüsselpunkte, die in diesem Buch behandelt wurden:

Finanzrevolution:

Der Bitcoin ist eine Revolution in der Finanzwelt und bietet ein dezentrales Modell, das traditionelle Finanzsysteme in Frage stellt.

Geschichte und Entstehung:

Die kurze Geschichte der Entstehung des Bitcoins durch Satoshi Nakamoto legte die Grundlagen für seine Entwicklung und weltweite Akzeptanz.

Grundkonzepte:

Die Blockchain, der Proof of Work und die Blockkette sind grundlegende Konzepte, die zur Verständigung über die Funktionsweise des Bitcoins erklärt wurden.

Kryptografie und Sicherheit:

Die Einführung von Kryptografie im Zusammenhang mit Bitcoin betont die Bedeutung von Sicherheit in diesem dezentralen System.

Mining und Validierung:

Die Untersuchung des Mining-Prozesses und der Transaktionsvalidierung hat die entscheidende Rolle der Miner für die Netzwerksicherheit aufgezeigt.

Einflussfaktoren auf den Wert:

Die Analyse der Faktoren, die den Wert des Bitcoins beeinflussen, hat die Komplexität seiner Bewertung, einschließlich Angebot und Nachfrage, verdeutlicht.

Vergleich mit traditionellen Währungen:

Der Vergleich mit traditionellen Währungen und Edelmetallen hat die unterscheidenden Merkmale des Bitcoins hervorgehoben.

Potenzielle Vorteile:

Die Erkundung potenzieller Vorteile hat Sicherheit, Dezentralisierung und Privatsphäre als Assets des Bitcoins betrachtet.

Herausforderungen und Bedenken:

Die Diskussion über Herausforderungen, einschließlich Volatilität und regulatorischer Bedenken, hat die zu überwindenden Hindernisse beleuchtet.

Bitcoin-Ökosystem:

Die Vorstellung von Handelsplattformen, Wallets und dezentralen Anwendungen (dApps) hat die Vielfalt des Bitcoin-Ökosystems gezeigt.

Auswirkungen auf Finanzsysteme:

Die Analyse des potenziellen Einflusses von Bitcoin auf traditionelle Finanzsysteme hat seine Rolle als Disruptor hervorgehoben.

Privatsphäre und finanzielle Freiheit:

Die Diskussion über die Auswirkungen auf Privatsphäre und finanzielle Freiheit betonte die gesellschaftlichen Aspekte des Bitcoins.

Aktuelle Entwicklungen:

Das Update zu aktuellen Entwicklungen, einschließlich Protokollaktualisierungen, betonte die dynamische Natur des Bitcoin-Ökosystems.

Zukünftige Trends:

Die Erkundung aufkommender Trends skizzierte mögliche Szenarien für die Zukunft des Bitcoins.

Potenzielle technologische Entwicklungen:

Die Erforschung technologischer Entwicklungen hob das potenzielle Fortschreiten im Bitcoin-Ökosystem hervor.

Praktische Ratschläge:

Praktische Ratschläge für eine sichere Nutzung boten wertvolle Anleitungen für neue Benutzer.

Warnungen und bewährte Verfahren:

Warnungen vor möglichen Fallstricken und bewährte Verfahren betonten die Bedeutung der Vorsicht.

Antworten auf häufig gestellte Fragen:

Die Beantwortung einiger häufig gestellter Fragen beseitigte gängige Zweifel.

Kontroversen und Debatten:

Die Erforschung von Gemeinschaftsdebatten illustrierte die Vielfalt der Meinungen zu wichtigen Fragen wie Skalierung und Governance.

Lehren aus vergangenen Kontroversen:

Die Analyse vergangener Kontroversen zeigte, wie die Bitcoin-Gemeinschaft aus ihrer Geschichte lernt.

Sicherung von Wallets:

Praktische Tipps zur Sicherung von Wallets betonten die Bedeutung der Sicherheit bei der Verwendung von Bitcoin.

Risikoprävention:

Die Prävention von Betrug und Sicherheitsrisiken warnte vor möglichen Gefahren.

Fallstudien und Lektionen:

Fallstudien illustrierten den Erfolg und die Herausforderungen von Unternehmen oder Einzelpersonen im Bitcoin-Ökosystem.

Regulatorische Perspektiven:

Die Erkundung regulatorischer Perspektiven unterstrich die ständige Entwicklung des rechtlichen Rahmens im Zusammenhang mit Bitcoin.

Bitcoin-Ethik und soziale Verantwortung:

Das Nachdenken über ethische Implikationen und soziale Verantwortung untersuchte Umwelt- und Gesellschaftsaspekte.

Bitcoin-Community und -Kultur:

Die Erforschung der Gemeinschaftskultur zeigte die Bedeutung der Gemeinschaft für die Entwicklung und Akzeptanz von Bitcoin.

Projekte für finanzielle Inklusion:

Die Untersuchung von Projekten zur Verbesserung des Zugangs zu Finanzdienstleistungen mit Bitcoin unterstrich das potenzielle soziale Engagement.

Finanzielle Bildung und Inklusion:

Die Analyse der Rolle von Bitcoin in der finanziellen Bildung und wirtschaftlichen Inklusion hob seine positiven Beiträge hervor.

B - Aufruf zur kontinuierlichen Erforschung und Verständnis des Bitcoins.

Während wir diese Reise durch die komplexe und faszinierende Welt des Bitcoins abschließen, ist es entscheidend, die Bedeutung der kontinuierlichen Erforschung und des Verständnisses dieser revolutionären Technologie zu betonen. Hier ist ein Aufruf zur Beharrlichkeit bei der Erkundung des Bitcoins:

Die Technologie entwickelt sich weiter:

Der Bitcoin entwickelt sich ständig weiter. Sich über technologische Fortschritte auf dem Laufenden zu halten, gewährleistet ein aktuelles Verständnis.

Vielfalt der Meinungen:

Die Bitcoin-Community ist vielfältig und hat unterschiedliche Meinungen. Erforschen Sie verschiedene Perspektiven, nehmen Sie an Diskussionen teil und hinterfragen Sie Ihre eigenen Ideen, um Ihr Verständnis zu bereichern.

Aktive Teilnahme:

Engagieren Sie sich aktiv in der Community. Ob durch Online-Foren, lokale Treffen oder Veranstaltungen - direkte Beteiligung bietet einzigartige Einblicke.

Vorsichtige Experimente:

Zögern Sie nicht, mit kleinen Mengen Bitcoin zu experimentieren. Erstellen Sie eine Wallet, führen Sie Transaktionen durch und erkunden Sie die verschiedenen Funktionen, um Ihr praktisches Verständnis zu stärken.

Kontinuierliche Bildung:

Die Blockchain-Technologie und Bitcoin sind umfassend. Investieren Sie weiterhin in Ihre Bildung, sei es durch Bücher, Online-Kurse, Podcasts oder andere Bildungsressourcen.

Regulatorische Entwicklungen:

Verfolgen Sie regulatorische Entwicklungen im Zusammenhang mit Bitcoin. Veränderungen im rechtlichen Umfeld können seine Annahme und Nutzung beeinflussen.

Anpassung an Veränderungen:

Verstehen Sie, dass Bitcoin sich angesichts von
Herausforderungen und Chancen weiterentwickeln kann.
Die Bereitschaft zur Anpassung ermöglicht es Ihnen, das
Beste aus dieser dynamischen Technologie herauszuholen.

Sicherheit und Vorsicht:

Sicherheit bleibt oberste Priorität. Übernehmen Sie sichere
Praktiken, um Ihre privaten Schlüssel und Vermögenswerte
zu schützen. Seien Sie sich potenzieller Risiken bewusst und
handeln Sie vorsichtig.

Wissensaustausch:

Teilen Sie Ihr Wissen mit anderen. Gegenseitige Bildung
stärkt die Gemeinschaft und trägt zur Verbreitung von
Informationen über Bitcoin bei.

Nachdenken über Auswirkungen:

Denken Sie über die Auswirkungen von Bitcoin über seine
finanziellen Aspekte hinaus nach. Berücksichtigen Sie seine
sozialen, wirtschaftlichen und Umweltauswirkungen für ein
ganzheitlicheres Verständnis.

Indem Sie diesem Aufruf zur kontinuierlichen Erforschung folgen, sind Sie besser gerüstet, um in der sich ständig weiterentwickelnden Welt des Bitcoins zu navigieren. Ob Ihre Reise von Neugier, Investitionen oder dem Wunsch angetrieben wird, an der Neudefinition der Finanzen teilzunehmen, der Bitcoin bietet einen fruchtbaren Boden für fortlaufende Erforschung und tiefgreifendes Verständnis.

Durch die Seiten dieses Bitcoin-Buches haben wir eine faszinierende Reise in das Herz einer Innovation unternommen, die die Konturen der Finanzwelt neu definiert. Hier ist die Schlussfolgerung, die die Essenz dieser eingehenden Erkundung zusammenfasst:

Der Bitcoin, geboren aus der Vision von Satoshi Nakamoto, überschreitet die traditionellen Grenzen der Finanzwelt. Er ist weit mehr als nur eine Kryptowährung; er ist eine dezentrale Revolution, die die Grundlagen etablierter Finanzsysteme erschüttert. Unsere Erkundung tauchte ein in die faszinierende Geschichte seiner Entstehung, entwirrte komplexe Konzepte von Blockchain und Kryptografie und untersuchte die vielfältigen Facetten seines dynamischen Ökosystems.

Über die Kapitel hinweg haben wir das potenzielle Potenzial des Bitcoins untersucht, die Herausforderungen, denen er gegenübersteht, analysiert und seine Auswirkungen auf die globalen Finanzsysteme erforscht. Von der Marktvolatilität bis zur Gemeinschaftsgovernance wurde jeder Aspekt mit analytischer Strenge behandelt, um ein umfassendes Verständnis zu vermitteln.

Wir haben auch die sozialen, ethischen und Umweltauswirkungen des Bitcoins beleuchtet, was zu einer tiefgreifenden Reflexion über seine Rolle in unserer Gesellschaft einlädt. Die Vielfalt der Projekte zur finanziellen Inklusion und dezentralen Anwendungen verdeutlicht das transformative Potenzial des Bitcoins jenseits seiner Verwendung als reine Währung.

Der Aufruf zur kontinuierlichen Erforschung und ständigen Verständnisses klingt wie eine Einladung, mit den raschen Entwicklungen dieser Technologie Schritt zu halten. Bildung, Vorsicht und aktive Beteiligung an der Gemeinschaft sind die Eckpfeiler, die es den Lesern ermöglichen, erfolgreich durch die sich ständig verändernde Landschaft des Bitcoins zu navigieren.

Insgesamt strebt dieses Buch danach, ein informativer und inspirierender Leitfaden für all jene zu sein, die sich für diese finanzielle Revolution interessieren. Ob als neugieriger Anfänger oder leidenschaftlicher Experte, möge dieses Buch eine fortwährende Inspirationsquelle für Ihre Erkundung des Bitcoins und seiner tiefgreifenden Auswirkungen auf unsere finanzielle Zukunft sein. Die Welt des Bitcoins ist weit, komplex, aber stets in Bewegung. Möge Ihre Reise durch dieses faszinierende Universum mit unstillbarer Wissbegierde und einem erneuerten Glauben an die transformative Kraft des Bitcoins fortgesetzt werden.